Fragmentos

Fragmentos

Frank L. Cañizares

Copyright © 2018 por Frank L. Cañizares.

Número de Control de la Biblioteca del Congreso de EE. UU.: 2018903309
ISBN: Tapa Dura 978-1-5065-2463-4
Tapa Blanda 978-1-5065-2462-7
Libro Electrónico 978-1-5065-2461-0

Todos los derechos reservados. Ninguna parte de este libro puede ser reproducida o transmitida de cualquier forma o por cualquier medio, electrónico o mecánico, incluyendo fotocopia, grabación, o por cualquier sistema de almacenamiento y recuperación, sin permiso escrito del propietario del copyright.

Las opiniones expresadas en este trabajo son exclusivas del autor y no reflejan necesariamente las opiniones del editor. La editorial se exime de cualquier responsabilidad derivada de las mismas.

Información de la imprenta disponible en la última página.

Fecha de revisión: 20/03/2018

Para realizar pedidos de este libro, contacte con:
Palibrio
1663 Liberty Drive
Suite 200
Bloomington, IN 47403
Gratis desde EE. UU. al 877.407.5847
Gratis desde México al 01.800.288.2243
Gratis desde España al 900.866.949
Desde otro país al +1.812.671.9757
Fax: 01.812.355.1576
ventas@palibrio.com
776632

ÍNDICE

Esto es un libro ix

Al Lado del camino x

Historias para contar 1

La palabra Poesía 2

Guillermo Arriaga 3

Manos sosteniendo manos 4

Evitando la fragilidad de los recuerdos 5

Habana 6

Cuerpo de Porcelana 8

Cubierto en silencio 9

La embriagadora belleza del misterio 10

A veces en abril me pierdo 11

Canción de desvelo 12

Paralelo exorbitante 13

Preescolar 14

Engendrar asexualmente 15

Ciudad sin límites. 16

Sonrisas frías que saludan 17

Me pierdo en las nubes 18

Revoloteando en toda esta mierda buscando palabras 19

Palabras que apuñalan a desmedidas 20

800 días sin amor 21

Albergando sus penas en mí 22

Gritando en silencio un adiós 23

Ramera de pacotilla 24

Asedio de poeta 25

El barco se rompió 26

La banda sonora de las flores marchitándose en dolor...... 27

La fábula del educador y el estudiante 28

Las cosas que se perdieron en el fuego 29

Mil lunas, Mil amores, Mil pedazos 30

¿En serio, te animas? 31

Olvidémonos que la edad del hombre está en su fin...........32

Agarrado tan fuerte de mis huesos que los saboreo. 33

Ya me he enamorado de la primavera 34

Perdido en las sombras de mi nombre 35

Atrapado en la lluvia 36

En el ocaso germino un amor y, ese amor me enamoro..... 37

Tu memoria vivirá por siempre en mí 39

Mientras el mundo se cae a pedazos 40

Sombras emocionales que persiguen 41

Devuélvemelo todo sin porqués 42

La hermosura del otoño conmueve muy profundamente 43

Cuando el silencio habla 44

Adagio de esperanza 45

Perdido en los fragmentos de mi vida 46

Un canto desesperado 47

El egoísmo es una fiebre que nos hará caducar 48

Ahogándome en sentimientos que se vuelven viejos.......... 49

Me gusta soñar 50

La extraordinaria reflexión de Carlota Valdez 51

Estatua de sal..52

Portal..53

Vagabundos de sueños en limbo 54

Te vi partir felicidad 55

Desperta pelotudo 56

La felicidad cree más en mí que yo..................................57

Hoy es uno de esos días donde tu recuerdo está

a flor de piel 58

Hasta siempre "Bonnet" 59

Estuve roto mucho tiempo, pero ya No 60

Enamorando al tiempo a que se quede un rato 61

Una felicidad que se nos ríe en la cara, sin conciencia 62

El mayor riesgo es no tomar uno 64

Tristemente caducando 65

Nuestra aventura es mucho más que un recuerdo 66

El egoísmo es una fiebre que nos hará caducar 67

Espérame...68

Corazón dormido...69

Encuerando el silencio enardecido de la confusión............70

El poema más lindo del mundo.............................71

Ensartando agujas a ciegas en la madrugada.................72

Toma tú las riendas y, hazme volver en sí 73

Derribando muros divisorios 74

Eminente tridente.......................................75

El sonido del hielo 76

Hoy encontrare mil razones para continuar...................77

...Como el tiempo continua 78

En un callejón vacío dos gatos comen los restos
de un pescado...79

Regalarte sonrisas en un lejano presente....................80

Sentada en una silla, tranquila, debajo de la lluvia..........81

El mundo acabándose y yo con esta idea loca
de escribir Poesía. 82

Acunando una revolución de imaginación....................83

Rodeado de cuervos que intentando salvarse me
venden a los muertos. 84

Buscando carreteles de hilo debajo de la cama 85

Implorándole a tu recuerdo que me olvidara.................86

Sinistrórsum 87

¿Dónde plasmarías el amor que llevas dentro?...............88

¿Qué será de la abeja en el placard?.......................89

Los Artistas..90

Obrero del Arte...91

Escribano 92

Estas palabras se perderán por mi pobreza 93
Varados en el tiempo 94
En realidad, sueño con lo que me espera. 95
Faldita plisada 96
Privado de Churre..97
Repertorio de limosnas...98
Acariciando a la conciencia suplicándole atención............99
Camino de Seda 100
Falleciste en un árbol para darme la vida..........................101

Esto es un libro

Me desconsuela perderme en historias mías. La arena cae perpleja, como yo, pero cae. Desgarrándome va carbonizando en blanco papel, hechos. Voy reciclando todo: tristeza, soledad, lagrimas, alegría, historias. Preciosos momentos que se han dibujado en el tiempo e imprimido, tan delicadamente en mí.

Se escapan de mi mente, alimentándose en mi corazón. Cabalgando por mis venas, para así desbordarse por mis dedos, encontrando su hogar en el papel.

Disfrazadas en palabras y, descubriéndose en historias, se llenan de vida. La sublimidad de la creación me enamora, me da propósito. En este momento genuino, autentico, me encuentro. Me siento como un niño anonadado en su novedad, la cual me cuesta encontrar, en todo lo demás.

Al Lado del camino

En torbellinos de momentos que lentamente ahogan, me desgarro. Todo es efímero y soberbiamente banal. Entre tulipanes y orquídeas trato de huir. Se rasga la piel, se imponen los tejidos creando un ceso y, así sucesivamente pasa el tiempo. Con que idea de fluir se puede continuar si a través de las ranuras se va a escapar toda vocalización que se pudo franquear. Plegarias de un destierro secular van embalsamando pensamientos perpetuos. Sin ningún tipo de desconsuelo se desliza lo insólito que hizo el ayer. Sin importar el desasosiego que se creó.

¿En qué piensas?

¿Que nos hace tan provisionales? ¿Tan mezquinos? Vamos divulgando todo con fachadas de sonrisas y encanto. ¿Nos sentimos tan encontrados, tan hechos, pero hechos de qué? Caminamos en hielo frágil tratando de relucir y trascender. Sin saber porque busco, algo, no sé. Aparentemente algo se perdió, sin dejar rastro, quizás hace un tiempo atrás. Me desvió del camino para así respirar el humo, un humo insólito que me ciega me turba y, débilmente me pierdo. Quizás al lado del camino, observando, por fin aprendo.

Historias para contar

El Arte me conmueve de tal manera convirtiéndose en un círculo embriagador. Partículas en mí titilan haciéndome sentir vivo. Es un desgarro escalofriante de emociones, que arrastran. Me alimento de historias, de vidas, de miradas, de lágrimas, de dolor, de miedo, de desengaños, del pasado, de mis ideas, de palabras coquetas, de todas estas golosinas emocionales, hasta saciarme.

En un barco de papel, modesto, me empino, no encuentro reflexión alguna. Destinos sin trazar, alimentan las viejas velas de mi débil embarcación. Sueños en limbo, marcas, cicatrices invisibles, divulgan un destierro pretérito. Respirando poesía, imágenes, momentos; revoloteando en semejantes, me obliga a continuar, a relajar, a mudar la piel.

Si en perversas aventuras me oso encaminar, de pesadillas en letargo despertar, monumentos desmoronar, no temáis son solo historias para contar.

La palabra Poesía

La palabra, Poesía, se desliza tiernamente en mis oídos.
Poesía, se vive intensamente con cada fibra de tu ser.
Emancipándote de esta vida casi siempre tan vacía que
te borra. Tratando de escribirnos una simple oración,
un detalle, para así hacernos resonar por siglos y,
sublimemente trascender. Es un pecado insólito privarnos
y, al mundo, si la podemos parir, de ella.

No es nuestra para quedárnosla. Hacerla brotar con
ansiedad cuando nos necesite. Sino fácilmente entre los
dedos y, chispas químicas mentales, se nos esfuma. Hay
que luchar, vivir, pelear por ella hasta el límite que no nos
entiendan y nos quieran limitar de libertad. Solamente
para ahogarla, suprimirla en un oprobio desgarrante que
puede matar. las palabras, los sentimientos, Si importan.
No se desmoronan, como todo, ni se extravían en la
lluvia, o en esta vida insolente.

Guillermo Arriaga

Arriaga, engendra remolinos de viseras que desgarran. Un desconsuelo viral que es difícil de evitar. Lacerando costados, destilando sal y, un flemerio infernal.

Que soberbia divina encarna su lápiz, y el papel lo complace en harmonía, creando magia. Guillermo, así lo acreditan en cintas, me envuelve en su mundo real, crudo. Un mundo el cual despelleja, pero me enamora con su realidad sublime. Si pudiera cuestionarlo, le preguntaría: ¿qué te alimenta? ¿A qué permites poseerte? Quizás no, a lo mejor le sonriera y le abrazaría fuerte, para así sentir su volante.

¿Cómo se hacen estos seres, que se alimentan de una luz alternativa? Plasmando realidad que ametralla contra todo lo establecido. Todo aquello que consolida a el Arte en un sucio negocio.

La vida es dura, hedionda, alarmante, desconsolante pero afortunadamente real. Si como humanos escogiéramos perdernos en la belleza alucinante que tiene el arte, quizás fuéramos más sensatos, más fuertes, mas... humanos. Pero no, decidimos embriagarnos de una prueba trivial que nos aleja. Y, así nos perdemos en callejones ficticios y vacíos.

La belleza de la lepidóptera se admira, se toca con la retina, con el iris. Se almacena en el tálamo y se deja ir. Guillermo Arriaga, por favor continúa haciéndome volar.

Manos sosteniendo manos

Entonando poemas a fantasmas las horas pasan. Engendrando ideas la tinta culmina en el papel. Al igual que la afinidad entre las notas blancas y negras en el piano. Transcurren sentimientos, momentos, los cuales pensé a ver dejado olvidado en el tiempo.

No te me escurres ni te me vas. Como el churre con el agua. Como el río cuando encuentra al mar. Como las historias en un cuento se desenlazan. Sueño cada vez que necesito esconderme más allá de mi mente y del tiempo. Pero yo solo se desmoronarme y desaparecer.

El aire siempre estuvo ahí documentando todo, incluso algún beso frío que se haya escapado. ¿Corazón, estas ahí? Soy yo. ¿Oh es que es muy tarde para ti? ¿Si el amor se queda con un poco de dolor, pequeñas manos te sostienen y, al final que encuentras? Manos sosteniendo manos.

Evitando la fragilidad de los recuerdos

Siento como me salen canas, como cambio la piel, como se forman grietas rasgadas en mi cara. Atrapado en mi universo la ausencia cada día me mata, mientras tanto mi piel en silencio clama. Solo trato respirar nada me lo inhibe. Convirtiéndose en lo único que me crea un norte y me dirige.

Me fui para echarte de menos y, el que me añoro soy yo. Si las palabras llenaran el vacío, engrasaran las bisagras de esta puerta pesada que no logro cerrar; Me sentiría un poco más completo. Pero las piezas de este rompecabezas son infinitas, casi iguales, y algunas se han extraviado.

El arrullador sonido de un violín armoniza esta lagrima que se me escapa. Dibujando causes, hidratando las arugas que van documentando los años, y, esta historia la cual trato de evidenciar para no caer víctima del tiempo. Voy evitando la fragilidad de los recuerdos y trato de no olvidar.

Habana

Un poco demacrada pero no te culpo. Más fuerte que
tu nadie, no existe, habría que hacerte un monumento
mucho más que un busto. Todavía no la han engendrado,
nunca nacerá. Te siento aquí, adentro, nada te borrara.
Eres testigo fiel de negreros, dictadores, obreros, la cima
de una revolución. Muchos te proclaman suya, pero
solamente están embriagados con tu belleza, anonadados
con tu ilusión. Tu olor a sal, sexo, tabaco y ron te ayudan
a deslumbrar. Un paraíso idóneo donde viene muchos a
copular.

No apuntes dedos no hay nadie a quien culpar es muy
fácil desde afuera, claudicar. Si te escribo cuatro líneas
todavía no soy nadie para quererme adueñar: de tu
posición geografía, de tus olores, de tu soberanía. Hace
mucho ya que no tengo el placer de ser testigo de tu
agonía, del desprecio y el genocidio que te acaricia. La
balanza se ha roto, la línea cruce hace mucho ya; Eso no
quiere decir que no me importas más. Ojalá esta simple
canción te devolviera todo lo que el tiempo te quito. Me
encantaría envolverme en tu calor y regalarte mucho
amor.

Tu recuerdo no se borra. Una niñez, de la cual es tuya
su autoría. Literalmente tengo tu pavimento estampado
en mi piel. Cicatrices que ameritan una desquiciada
embriaguez que en ti aplaque. Me hacías volar como
papalotes, como esas cometas coloridas de las cuales
siempre recito. Todavía eres infinitamente mía y
siento que me extrañas noche y día. Ignorando tus
ruinas, evitando lagrimas e impotencia, apuntalamos

nuestro camino, tu porvenir incierto. Lo único que va testamentando el tiempo esa arquitectura colonial impulsada por ideas progresistas, soberanas. Vamos dibujando tu panorama con los colores de Gerardo Alfonso y, en balcones colgando sábanas blancas.

Aderezando con salitre a edificios, monumentos, pieles mestizas, creando razas para apaciguar el morbo. Nos alejamos del consumismo inoportuno y, las necesidades echando un polvo sin rencor. Algunos que se quedan otros que se van, a matar hambre o a querer pensar buscando esa libertad efímera, quizás erar. Es triste hay que aguantar y llorar. Abundante de tinta, de sentimiento y amor, prefiero a estos versos del alma ahora acabar en dolor.

Cuerpo de Porcelana

Detrás de tus ojos se esconde el espejo del otoño. Lágrimas y lamentos adornando paisajes tristes. Las hojas van cayendo en tu cuerpo Urdiéndote un abrigo de noche. Desde lejos te observo, un poco anonadado, embriagado por un vino blanco.

Por ti construiré un castillo de nieve blanca para allí esconder tus angustias y, tu cuerpo de porcelana. Mientras, tu voz va goteando murmullos de olvido. Historias de historias la cuales nadie cree. Voy cosiéndote un manto de anhelos y, sueños encontrados.

Ahorrando tu corta respiración buscando una salida para el último deseo. Consiénteme y bebe conmigo en la oscuridad donde nos sentimos tan seguros, donde ni los lobos nos encontraran. Allí donde todo es sublimemente celestial. ¿Qué será de nuestras células después de caducar?

Cubierto en silencio

Una canción sin claridad. Una voz sin melodía. Una historia sin final que se recita sola. Un cielo minusválido de cometas coloridas. Una piel sin cicatrices. Un mundo sin vos. Cosas que no existen me atormentan, me poseen y, no me quieren dejar ir.

Pero no soy débil y me aferro, lucho, y me quedo con todo eso, con todo lo mío. Con todo eso que me ambicionas desvalijar. Estallando en un grito harmónico, unísono de voces, gemidos angelicales.

¿Quién sos vos? Déjame.

Una rosa sin espinas. Una abeja ociosa. Un corazón de hierro. Unos labios que nunca han besado. Una vida sin dolor. Ni un solo cigarro después del sexo. Anomalías que no existen ni en un cuento de ficción en distopía. Sueñan con envolverme para hacerme vagar y, olvidarme de quien soy.

la embriagadora belleza del misterio

Escucho canciones tristes para sentirme mejor. Me embriago en las madrugadas tratando de rasgar mi voz. Alguna vez soñé con ser como "bola de nieve", Ignacio Villa, un negro piano-man. Con su voz rajada de tanto trasnochar.

Apestar a ron y tabaco como Pedro Juan, con la modesta meta de escribir. Enalbando historias en mi mente, viviendo sueños infantiles, fútiles, creados por mi sórdida idea de trascender con la creatividad. De plasmar con el arte una huella en la historia y aunque sea solamente así, ser inmortal.

Veo fantasmas en la noche de trasluz. Espectros de mi estirpe andaluz. Los cuales me sonríen y, me hacen sentir bien. Como lo hacen los colores de las flores y, el revolotear de las mariposas que no están en cautiverio. Las mantengo en anonimidad para así no perder la embriagadora belleza del misterio.

A veces en abril me pierdo

Me niego a dejar que las memorias se extravíen en la lluvia. Prefiero que se deslicen como el agua en los aleros, transportándose por las cavidades de mi mente, para agarrarlas con mano fuerte contra mi pecho, así solamente podrán sentir el alocado palpitar de mi corazón. La alucinante calma de sus misterios se resbala suavemente por mis mejillas, humedeciendo mis labios, y trazando rasgos de alegría. ¿Qué será de esos niños, de esos amigos de la mar?

Recogiendo escombros, entre ruinas y lapsos mentales, organizo momentos. Noches, escapadas, cigarrillos compartidos en pasillos estrechos, en los cuales no residíamos. Nunca me he olvidado de ellos, ni de esos años.

Rasguños en las rodillas se escribieron en el libro de recuerdos creando memorias. Cometas coloridas, medias conglomeradas de canicas, pies descalzos en el pavimento, morbo en sillas viejas tras frotar genitales adolescentes, vírgenes y, pretender besar. Dibujando el rostro invisiblemente con saliva. Así transcurrieron esos días.

Me rebelo contra el tiempo, en contra del deterioro mental, me rebelo en contra tuya, Rey Olvido. Gracias al papel y, la tinta, documento el precioso pasado. No te me iras. Desafío al Rey Olvido una vez más.

Canción de desvelo

Desojando el calendario me he pasado todo el año. Navegando en mil historias, zozobrando en mis memorias. Me falta poesía y, escasea la melodía. Cuando estabas tú en mi vida todo era una alegría.

Cuando estabas tú, era un baño verdadero tu roció mañanero. Cantabas como un ángel mis canciones de desvelo. Cuando estabas tú en mi vida todo era una alegría y, ahora que te ausentas me ahogo en agonía.

Paralelo exorbitante

Hay un paralelo que me exorbita, un constante trineo de ajetreos inexactos, de una propia aceptación. Un desconcierto que me engendra desosiego al haberme sentido perdido, al desvanecer un pasado más de una vez. Que alegría, que incertidumbre, el no saber teniendo fe.

¿Qué hay? ¿Qué será? ¿Dónde estarán esos niños, esos años, ese pasado el cual sueño, por el cual lloro en este instante? Sin saber porque, si de alegría, de tristeza, si es solo la influencia o es algo nato de entrañas floreciendo como un vaivén de desamor.

Preescolar

La intermitente reverberación en el techo zinc de la fábrica de cabillas justo al costado de la escuela, me hizo quedarme dormido. Después de llorar desconsoladamente por un promedio de media hora. Había llegado a la conclusión de que mi madre se había olvidado de mí.

Eran las 4:30 pm, tenía cinco años, y mi mama estaba una hora tarde. Mientras los demás niños jugaban con plastilina a peleas de boxeo o al béisbol, yo estaba ahogado en mi Melo dramatismo. Mi cabeza sobre mis brazos cruzados en el pupitre, debí haber perdido un par de libras entre lágrimas y baba.

La lluvia y, su centelleo no domine y, en los brazos de Morfeo termine. Siempre he sido una persona muy emocional y trágica. Esta anécdota, a esa temprana edad, la cual nunca he olvidado, lo demuestra. Todavía mantengo muchos recuerdos de mi infancia, fue una etapa la cual me definió, tratando que fuera mágica.

Entre sentirme incomodo, rodeado de tantos niños a los cuales no conocía. El espectáculo mañanero al no querer quedarme en la escuela he incomodar a mi madre enfrente de todos. Los niños que me abusaban y, mi pena perpetua, hacían mis días.

Mi madre era sobreprotectora, aunque le moleste admitirlo, o que yo lo mencione. Me privaba de ciertas diversiones. Recuerdo que, en mi casa, con un toque colonial, tenía un gran ventanal con barras de metal. A través de ellas sacaba mis manos y, justo así solía con mis amigos jugar.

Engendrar asexualmente

No me gusta componer canciones, ni escribir poesía, prefiero parirlas. Para ser creativo hay que vivir. No me refiero a respirar o a pretender ser felices acaparando espacios vacíos llenándolos de inutilidades. Hilvanar amistades interesadas, entregar los sentimientos a semejantes en papeles grises para amar. Escalar las ilusorias montañas creadas por la sociedad para separarnos, distinguirnos y, clasificarnos económica, política/religiosa y, socialmente. ESO NO ES VIVIR.

Me refiero a sufrir, a bailar con la soledad, a engendrar asexualmente en mi útero poco convencional un hogar a energías caritativas que andan de pasada. A liberarte de posesiones, alejarte de la sociedad y, acercarte más a tu matriz, a tu esencia, a lo que te hace...tu. Y, desde allí agarrarte y, sonreír con los labios inmóviles desde el corazón. A pensar, cuando te llenas la boca, de los poco afortunados. Mirar a los ojos de los niños y, allí encontrar y, sentir al creador, admitiendo que no tenemos que entenderlo todo.

En conclusión...respirar, sin ostentar de los regalos que inmerecidamente somos otorgados. Encontrar civilidad con el prójimo. Cerrar los ojos y agradecer. Eso es vivir.

Ciudad sin límites.

Me siento perdido en una ciudad extraña, una ciudad sin límites. Justo hoy, cerca del fin, creo haber encontrado el principio. El principio de la historia. Una historia de paisajes tristes, caras sin nombres, andenes vacíos y, yo tarde.

La tuya, tu cara, se me desmorona en pedazos, pero no tu nombre. El cual llevo conmigo desde aquel día que te entregue el mío. En esta ciudad sin límites cada calle me lleva a una memoria. Hay mucho enredo y, poco orden. Al doblar cada esquina todo se borra. No me he perdido del completo gracias a su ayuda. El parece amigo, pero no sé.

Quizás te encuentre, te hable y, vos le escuches y, le entiendas. Yo te seguiré esperando, te seguiré buscando, en esta ciudad sin límites, en esta ciudad extraña. Aquí en mi mente, en mis memorias. Donde a pesar de todo y, al pasar del tiempo te mantienes tú.

Sonrisas frías que saludan

Las lágrimas limpian el polvo en estas viejas fotos. Documentos de aquel amor tropical, cálido, normal. Hay muchas historias que se han escapado. Siempre estaré aquí en el pasado, mientras tú ya has desembocado en el mar. En contra de la corriente nado en busca de un cauce tal.

Sin oriente ni occidente, sin ninguna brújula, espero la música. La guía, la ventana de escape, sin aguantarme me desbordó. Ya no regreso a casa, pierdo control. Sonrisas frías me saludan. No siento más pena, entumecido a causa del dolor. Con todo esto es imposible vivir. No me siento la piel, me derrito.

Hace falta más tiempo para todo. La vida está estancada mientras las sonrisas frías te saludan. Nunca antes había sido testigo de tanto dolor. Pero no te puedes perdonar. Dejando que unas tijeras viejas corten tu cabello negro y fiel.

Nunca pensé que te sacrificarías por un sentimiento irracional. Una mirada perdida y, un respirar un poco animal. No quisisteis. No hay sufrimiento, ni lágrimas en el ruido atrapado en cuatro paredes. Ni en las sonrisas frías que te saludan pretendiendo ser normal.

Me pierdo en las nubes

No se escucha nada solo mis pensamientos rebotando en todo. Así van iluminando el camino tan blanco y, vacío que ciega. Hay algo tan profundo que no logro recordar. No hubo lugares secretos. No me arrepiento de las decisiones que he hecho sé que tú tampoco. Estos son sentimientos que se escapan tan fácilmente que no logro recordar lo que llamamos nuestro.

No quedan efectos, ni emociones, solo la eternidad espera. Mientras esto ocurre otro año más se me escapa. Cariño, no sabes tú cuantas veces me pierdo en las nubes pensando que sos vos. Mi alma inquieta espera. Estoy tan orgulloso de lo que éramos. Regálame alas para volar, no soporto más, solo te quiero encontrar.

Las estaciones pasan con el ritmo con que el invierno baila con todo. Cariño sabes que cuando el calor regrese otro año más habrá pasado. Hay tantas cosas que ya no recuerdo. Aquí sigo sin reproches tratando de recordarnos. Estos son sentimientos que se escapan tan fácilmente que no logro recordar lo que llamamos nuestro. Es muy difícil describir, como no se cambia, con el dolor.

Revoloteando en toda esta mierda buscando palabras

Corriendo hasta el fin del mundo para esconderme de vos, de ellos, de todos. Allá donde ni los lobos ni las drogas me encuentren. Sentado debajo de árboles muertos. Sin ninguna opción aquí me encuentro. Necesitaba compañía, necesitaba encontrarme. Acá donde los huesos duros de roer se desmoronan en cenizas y, regresan a su origen.

Descifrando cuadros abstractos anónimos, asesinando extraños para no matar a seres queridos. Escribiendo obscenidades para exorcizarme y, cerrar un círculo. Amor. Alimentando cabras con su propia leche. Deseando besos en papeles pequeños, doblados, arrojados, atravesando salones. Puliendo armas, Amor.

Exonerando narcisistas, poetas vacíos, culebras disfrazadas de ovejas. Trazando profecías en la arena pretendiendo ser psíquico. Revoloteando en toda esta mierda buscando palabras, descubriendo líneas en párrafos desconsolados, que se extrañan.

Persiguiendo el sol que te deserta, recordando lo que le fue dicho a narciso. Despierta.

Palabras que apuñalan a desmedidas

Manufacturando suelas con el polvo del pavimento. Con mis pies descalzos acaricio el asfalto para sentirme un poco vivo. Como ciervo desalentado con la luz de los faroles, me observáis. ¿Me pregunto qué veréis? Un niño viejo, un mimo hastiado, un chasqueado soñador desolado.

Rodando en memorias de independencia, machetes ensangrentados empalmados busco una razón. Hoy siento mis huesos desmoronarse en decepción. Y, esos guerreros autónomos, me sonríen enseñándome el pulgar en aceptación.

Estoy muy consiente que no me esperas más. Ya compones temas nuevos sin mi colaboración. Lo acepto con menos dolor que el de ayer.

Un amor tan delgado. Aminorando las luces para así no herirlo más. Susurrando analgésicos para no lastimarlo ni con pétalos de rosa. Aquí en la oscuridad con suaves palabras te trato reducir, suavizar, porque no te puedo olvidar.

He encontrado amor, cariño, Soné que me decías.

Palabras que apuñalan a desmedidas.

800 días sin amor

Espero volverme a enamorar llevo casi 800 días sin amor. En realidad, no quisiera perder la fe. Quisiera que me besaras en el medio de la calle, de madrugada, con pasión de adolescentes. Salpicando charcos riéndonos de todo, gritando boberías, despertando a los vecinos.

Ser testigos del amanecer en un velero tras permanecer la noche entera despiertos. Descubriendo constelaciones, probándonos el amor debajo de las estrellas. Inventándonos historias de pasión entre los astros. Emborrachados con nuestras ganas de sentir, de amarnos, de vivir. Navegando sin rumbo con el romance de nuestros corazones como brújulas y, el firmamento como espectador.

Siento los químicos como corren por nuestra sangre. Con cada roce, cada beso, cada vez que alcanzamos el clímax haciendo el amor. Nos abrimos una ventana al cielo, a la completa felicidad, sin desperdicios. Cada vez que me miras me veo reflejado en tus ojos, desmayado, perdido en ti, infinitamente compenetrados. Quisiera redactar una antigua novela de amor, contigo. Una de esas como las que ya no se escriben. Sin miedo a subir tan alto, aterrorizados de la caída.

Albergando sus penas en mí

Una, dos, tres, cuatro, cinco...hasta perder la cuenta. Ahogándome en espíritus alucinógenos, asfixiando este acongojo consumidor que me ha regalado la vida. Le escribí una carta tratando de agradecer, pero no creyó en mi franqueza. Me he robado el dolor del mundo sin saber por qué. Todos estos años acumulándolos, a todos, esos seres desafortunados.

Una sinfonía incompleta, sin hogar, tallada en la piel sin navaja. Un tatuaje a sangre fría de más de veinte horas continúas cubriendo completamente la espalda. Un blues negro de a principio de siglo pregonando dolor esclavo, sufrimiento, amores no correspondidos. Un millón de años despojados en la tierra oscura, casi vacía, casi solos. Así los siento a todos ellos, pero sin miedo los recibo, albergando sus penas en mí.

Una adolescente embarazada, huérfana, abandonada por todos, por la vida misma. Viviendo en la calle, hambrienta, prostituyéndose para alimentar sus demonios, cegada completamente con su realidad. Con ansias de dar a luz para vender su criatura y, poder continuar el círculo embriagador que la compone, sin saber por qué, sin beldad.

Gritando en silencio un adiós

Me estoy volviendo loco//la luz me ha cegado//quisiera estar equivocado//pero debo enfrentar la verdad//Esto se ha acabado//Es hora de cerrar la puerta//esta lucha se ha acabado//Este amor se ha acabado//

Camino entre las hojas naranjas, acumuladas encima del pasto. Así voy navegando en historias. Llévatelo todo fría llovizna de a finales de octubre. El humo del cigarro me marea cordialmente tendiéndome la mano. No hay regreso a lo que un día fue hogar. Te extraño como se extrañan a los muertos, como un niño a su madre, oh a un amor que nunca se despidió.

Me arrullo entre lágrimas para dormir y, sé que piensas que ando feliz. Te has cambiado el nombre de matrimonio. Te extraño como se extrañan a los muertos, pero nunca he estado en luto. Como el amor que se tiene que despedir, gritando un adiós. Así que esto es el adiós. Te lo grito en silencio. Adiós.

Ramera de pacotilla

Encerrados en creencias vacías, en esta sociedad.
Tratando de acapararlo todo, apropiarnos de cosas
innecesarias. Creando cárceles subconscientemente
queriendo agradar, encajar, o disfrazar alguna carencia.
Llenándonos los bolsillos con papeles y, metales que nos
dominan, nos controlan, comprando nuestra alma. Y, así
sucesivamente todos caemos en una triste calma.

Sociedad eres una raza extraña, espero que estés feliz
sin mí. Rebosante, andas por allá con el cinturón
abierto y, la camisa ancha, llena de vacíos y, yo, aquí
contento sin vos. ¿Qué ramera que sos? Guiñándome
el ojo, disfrazándote en curvas, manjares y posiciones.
No pierdas tu tiempo conmigo. Yo conozco tus trucos,
Ramera de pacotilla.

Anda por ahí. Tus caramelos no me interesan, ni tu culo,
ni tus brillantinas, quincalla ambulante. Changarro
barato, ninfa que devoras a los infaustos que se dejan
seducir. Átense al mástil como Ulises. Cubran sus oídos
con cera, ignórenla a tal punto que la lleven a precipitarse
sin relucir.

Asedio de poeta

Agarrar un monto de palabras que has escupido,
apretarlas en tu puño y, golpearte la cara con ellas.
Solamente así desafías el asedio de poeta.

Dibujar con letras una vida, una historia, un final feliz.
Con todo respeto a la creación y, sin pretensión a jugar
ser Dios. Solamente para escapar la insufrible monotonía.
Tratando de no ahogarnos tristemente en la realidad.
Escapando a el éxtasis de la creatividad.

Nadando nudos en el océano codiciando alcanzar la
orilla de la tranquilidad. Besar la arena al arribo,
levantarnos lentamente y, alimentarnos con el fruto
de la bondad. Observar como las plantas miran hacian
arriba, admirando el cielo, alimentado a los animales con
sensibilidad.

El dulce sabor de la miel que esconden los pistilos.
Coqueteando con las abejas seduciéndolas a bailar y, así
van transportando néctar y polen. Danzando un vals de
alegría completando un ciclo que da vida.

Así mismo las palabras, las ideas, van golpeando en
harmonía dando luz a una vida que destila bendiciones,
creando historias que amenizaran, besaran y, ayudaran
a crecer algún día.

El barco se rompió

Quisiera que me olvidaras. No puedes regresar más, por nada. Esa puerta se ha cerrado. Olvídate de la dulzura de mis besos, las caricias que te he dado y, devuélveme el corazón. Ya no te espero más. Se acabó el capítulo, paso la hoja. Se cerro el libro.

El sol está afuera, los pajarillos cantan. La belleza del día me regala una sonrisa y, yo le retribuyo. El poeta cantante me regala un par de líneas y, una melodía que me enamora. Cuando el poeta canta, yo vivo, aunque vos te ausentes. Corriendo en mis venas, danzando en mi piel, como las hojas en el otoño así andan las memorias que nos hicieron, uno, alguna vez.

Yo sé que estamos perdiendo fuerza y, el amor se nos está acabando. Como una estrella fugaz, se precipita lo que nos alimentaba cuando nos estábamos amando. Las palabras me persiguen día y noche. En las tardes les dan espacio a tus memorias, incluso cuando me voy callando.

Nos creíamos tan fuertes que movíamos montañas, navegábamos un velero sin viento alguno. Perdidos en besos y abrazos. El mar se secó, las montañas son más fuertes y, el barco se rompió.

La banda sonora de las flores marchitándose en dolor

Me despierto con la banda sonora de las flores marchitándose en dolor. Siento la decadencia creada por el juicio de un nuevo día falto de amor. Solamente me hare fuerte mientras dejo pedazos míos, atrás, cada vez que me marcho. Solamente logro quedarme con el olor, de la flor que abrazo y, me ciega con su color.

La fábula del educador y el estudiante

Es difícil entender un suicidio, imposible explicar porque hacerlo en un salón de clases. ¿Hay alguna forma perfecta de decir adiós? Quizás. Pero de que hay muchas variaciones las hay. Besos, abrazos, lagrimas, incluso una exhibición egoísta de violencia.

Observar desde afuera un insecto en estado de Crisálida, me imagino sea algo anonadante y embriagador, por describirlo de alguna manera. Ser testigo y, parte influyente en la formación de un ser humano en una etapa tan sensible como la niñez, me imagino sea existencial y desafiante. Educar es un arte, un buen educador enseña, forma, de alguna manera cría niños que nos son suyos; Creando una relación paternal-filial. Un enlace de respeto, cariño, una fina línea que puede llegar a confundir así sea positiva o negativamente.

Pero nada de esto debería influir en la ceremonia de una despedida, de un adiós. Nos merecemos eso, sin importar que haya ocurrido. Todos nos merecemos el respeto de un adiós.

Las cosas que se perdieron en el fuego

Las cosas que se perdieron en el fuego. Hoy en día todavía duelen, creo que siempre lo harán. "La esperanza llega con el olvido". Creo haberlo escuchado o leído en alguna parte. No recuerdo ahora con exactitud.

Libros, algunos juguetes, sillas, mesas, camas, nuestras vidas. La cual compartíamos en aquella casa, nuestro primer hogar. Se esfumo, literalmente, se desmorono con gran facilidad en una noche cálida de mayo, lo que tanto nos tomó construir. Abrazados en el jardín, asustados, entre sollozos, en nuestras rodillas, observábamos como se perdía todo con el fuego, como las llamas se devoraban todo. En nuestros ojos llenos de lágrimas se reflejaban nuestras vidas, nuestro hogar quemándose y, las cenizas bailando con el viento y, propalándose hacia el cielo.

Justo un año después cuando habíamos reconstruido nuestras vidas y disfrutábamos de un buen hogar, te mueres tú. Asesinado a sangre fría tratando de defender el honor de una mujer víctima de una pelea domestica que se llevaba a cabo en la calle. Justo afuera del edificio de apartamentos de tu amigo, Antonio.

Un hombre que se dejó llevar por la vida, y en las drogas termino. Gracias a ti todavía está con vida. A tu dedicación, a tu sacrificio con él, a tu enorme amistad. Ahora lo culpo de todo, aunque bien dentro de mí sé que no lo es. Es solo una forma de desahogo.

Lo que se perdió con el fuego, no se compara con el hueco que has dejado con tu partida.

Mil lunas, Mil amores, Mil pedazos

Mientras los años pasan sigo persiguiéndome a través de las mismas sombras que emito. No recuerdo el momento exacto, haces mil lunas quizás, me imagine. Ahora sin querer enterrar un sueño continúo dibujándome, cultivándome, persiguiéndome, de alguna manera reinventándome.

Mil amores se han desmoronado, después de haberse sentidos tan vivos y, sin intención terminan alimentándome. Cosechando historias, poemas, canciones que a veces son tan mías como tuyas. Suplicándote, ven rómpeme, entiérrame, observa cómo me aniquilas. Yo lo único que anhelaba era correr hacia la noche desesperadamente roto, pero vivo.

Sueño con recuperar los mil pedazos que he dejado atrás. Los que deje en mi infancia, al otro lado del mar, los que deje contigo. Los que he dejado en cada canción, cada poesía, cada línea que he dado a luz. Los echo de menos tanto como lo haces tú.

¿En serio, te animas?

No importan cuantas veces me muera, seguiré viviendo.
Hay mucho fuego adentro queriéndose propagar, al pasar
el tiempo será difícil de apagar.

¿En serio, te animas?

¿Dime, matarías para salvar una vida? ¿Asesinarías para
probar tu inocencia? Lamentos envueltos en pergaminos
arcaicos, que osan deshollinar emociones que alucinan.

¿En serio, te animas?

Rotondas que enredan, laberintos de miedo dibujándose
en salidas. Cometas, luces, sueños, millones de seres
queriendo transcender.

¿En serio, te animas?

Nunca he estado aquí, soy solamente un fantasma. Tan
distante, tan desprendido, tan libre. Siempre en busca
de algo nuevo, un nuevo polvo, un nuevo amor, un nuevo
escape de adrenalina enamorando las endorfinas…un
nuevo yo.

¿En serio, te animas?

Olvidémonos que la edad del hombre está en su fin

Perdido en las nubes persigo un sueño tan real que lo paladeo en el aire. Un retrato de una juventud en tortura, entrega y, mucho compromiso. Mientras muchos escalaban yo rodeaba en círculo dibujando mis quimeras.

Un revoloteo insaciable de mariposas de colores bien cerca y, literalmente en mi piel. Un enajeno visual que me abraza en un regazo genuino. Una crisálida que armoniza la vida. Colores que dan forma, vida y, ayudan a continuar.

Como artistas nos osamos a dibujarnos un porvenir, un futuro, un encuentro personal que resuene en el aire y, transcienda por edades haciéndonos inmortales. Esa hambre no merecemos perderla. Olvidémonos que la edad del hombre está en su fin. Agarrémonos de las manos y, unísonamente cantemos, para no sufrir.

Agarrado tan fuerte de mis huesos que los saboreo.

Quizás te escriba un par de cicatrices, mientras los años y, nuestras historias me rasgan canciones en la piel, el corazón y, en el alma. Me alimento de estas heridas. Temblando y débil intento descubrirme en la obscuridad.

Me alimento de estas cicatrices. Recolecto mis pensamientos, mis historias y, justo en este instante veo la luz. Siempre andaré por ahí, por si te animas a enamorarte. Más de treinta primaveras, un puñado de desilusiones, tres dudas y, un poco de apatía. Pero si te atreves, siempre recuerda que ando por ahí.

Una canción en piano, un libro de poemas, un corazón latiente. Una mariposa en la piel, un par de arrugas, un manojo de amigos y, su memoria que no se va. Huellas estampadas en el asfalto de la vida. Agarrado tan fuerte de mis huesos que los saboreo.

Historias de espectros que me llaman desde el más allá y, los complazco. Un ruiseñor que me canta y, me hace la corte. Y, tú cara sonriéndome en la foto guardada en el cajón. Siempre andaré por ahí, por si te animas.

Ya me he enamorado de la primavera

Me rehusó a nadar en la arena
A beberme la luna llena
No creo en las citas a ciegas
Ya me he enamorado de la primavera

Caminando por las intricadas cavidades de tu corazón
Justo allí donde todo tiene razón
Acaricio suavemente una emoción
Y, observo como se convierte en canción

Me siento herido, desgarrado y atrapado
Recorro laberintos anonadado y embriagado
Apáticamente reconozco que me has borrado
Continúo caminando aceptando que se ha acabado

Si estas líneas ayudaran, restauraran
Quizás amanecería mientras las creara
Y, mis lágrimas hablaran
si tus espinas no mataran

Perdido en las sombras de mi nombre

Perdido en las sombras de mi nombre, en las sombras de quien soy. Sombras que se sienten vacías. Desvelando laberintos de escrúpulos, se iluminan paredes rocosas, espeluznantes, tristes, demacradas por el tiempo. En cada una la imagen clara de mi cara, implorando: no olvidéis mi nombre.

Abrumado por mis pensamientos, mis sentimientos, los cuales me ahogan sin rencor alguno, camino. Ostentando de apatía, de libertad, los años van marchitando el ímpetu alguna vez cosechado.

Mi corazón ansioso, mis manos codiciosas, mi mente humilde. Comparten una copa de vino sobre manteles blancos en el otoño rogándose silenciosamente evitar un derramo. Artimañando musarañas para sentirse importantes, involucrados, compenetrados queriendo eludir la realidad de su alejamiento.

Monarca de mis pesadillas, aléjate. Yo solo quiero encontrarme. ¿Porque hacemos lo que hacemos? Mendigándole al tiempo sabiendo que estamos a desmano, que hemos perdido antes de haber comenzado.

Atrapado en la lluvia

El desarrollo de la conciencia nos aleja de nuestra humanidad. Esa no era la idea. Respirar, acariciar la brisa con la cara, pensar con el corazón. Forjar en níveo papel con colores: vida, historias, dibujando cada emoción.

Quisiera tropezarme con un reflejo, con una réplica. Y, no andar deambulando por ahí haciéndomela de artista. La poesía no me da para tanto. Las primaveras se me escurren entre los dedos relatándome historias.

¿Vos andarás por ahí o quizás no existes?

Trato de escabucharme entre la lluvia, saboreando como el agua se desliza por mi piel. Sintiendo cada instante solamente para alimentar mis ganas de vivir. Agobiado con la sequía que refleja todo lo demás.

Atrapado en la lluvia. Quizás por conveniencia, por necesidad, porque me siento seguro en ella. La precipitación me encuentra mucho más de lo que yo lo hago. Cruza y dobla, siente el instante no lo dejes que queme. Somos jóvenes. Suaviza, no te endurezcas. Ama.

En el ocaso germino un amor y, ese amor me enamoro

En su juventud danzaba en el papel con colores vivos, alegres. Georgia, respiraba mientras capturaba cada curva, cada pétalo, los pistilos de cada flor. Disfrazándolas de forma genuina en genitales femeninos, especulaciones nacían, de las cuales siempre se retraía.

Dibujando flores, tejiendo con colores, desnudando sus pechos se forjaba una artista. Honrando la autenticidad, O'Keeffe, bailaba con el tiempo. Su rebeldía, su cuestionamiento, la atrajo a una filosofía la cual la alejo de la recreación, el facsímil y, la acerco al arte, a la honestidad.

La interpretación de su infatuación por las flores nadaba en la sensibilidad de la tempera. Y, luego se desbordo en el carbón dándole vida a la abstracción total.

En el ocaso germinó un amor, un amor tan real como los dos. Se enamoró de tal manera, de un cerro, lo cual podía ser una obsesión. Hasta el punto de proclamarlo suyo e involucrar a dios con su entrega.

Es mi montaña privada. Me pertenece. El creador me suspiro, me prometió, mientras más la ames, la sientas, la dibujes, la hagas tuya...es tuya. -O'Keeffe

Ese amor me enamoro.

Tu memoria vivirá por siempre en mí

Tu memoria vivirá por siempre en mí. Aquí donde el tiempo no pasa y, los gorriones me cantan de ti. Hasta que el sol se muera, el mar se seque, las abejas se cansen y, las mariposas se hablen entre sí.

Tu memoria vivirá por siempre en mí. Aquí donde las palabras se descubren en tu nombre. Donde dejo que el olor de las flores me asombre. Donde le permito a tus memorias que me transformen, me transporten a nuestro tiempo juntos cuando me sentía hombre.

Tu memoria es un hechizo como el que la luna le ha implantado al mar. Sigues aquí como el aroma de los girasoles que te solía regalar. Como la melodía de las canciones que te cantaba. Impregnada en aquellos versos que te recitaba. Como el regreso, después de la noche, de la mañana. Como el calor en mi corazón que se empinaba cuando me llamabas.

Tu memoria vivirá por siempre en mí como los lunares en mi piel. Por siempre, como el amor de los osos por la miel. Prefiero vivir con la idea, con tu espíritu, que embarrarla, tu memoria, de inmensurable hiel. Tu memoria vivirá por siempre en mí, tan fiel.

Mientras el mundo
se cae a pedazos

El mundo se cae a pedazos y, a través de las ranuras se comienza a ver la luz. Mañana navegamos. Visiones nocturnas nos revelan que afortunadamente no somos lo que divulgamos. Ese color lila que trae tu piel encandila mujer.

Escuche que te has encontrado, en la reflexión de un espejo medio roto. Al parecer soy solo yo el que continúa vagabundeando. Deambulo entre los pasillos húmedos, acuosos, de castillos medievales y ciudadelas ecuestres. Incendiando sueños pretéritos, despedidos, nefastos de felicidad.

Arquitectos celestiales acarician mi cabellera y me calman, entre mimos y chubascos. Susurrándome melodías de siluetas divinas con las cuales comparto un amor recíproco. Respirando comunicados de advenimientos no lejanos, los cuales esperamos. Mientras el mundo se cae a pedazos y, a través de las ranuras se comienza a ver la luz.

Sombras emocionales que persiguen

Basqueando esqueletos minúsculos, débiles, casi nada. Sombras emocionales que persiguen, quizás sabrás por qué. Saboreo las cenizas que se alejan y, a tu espíritu se llevan.

Madrugadas inciertas que regularmente despiertan. Desnudando melodías en las teclas de un piano. El golpe de la lluvia en los vitrales desvela los secretos en el placard. Arrastrando realidades que prefieren disfrazarse en melodramas, decisiones malogradas.

Las fotografías viejas me regalan sonrisas. Ando buscando sombras en el mar, reflejos en la piel. Encuerando amaneceres de sudores nocturnos que me empujan a la locura. No me han hurtado, se me ha perdido la alegría. Nadando en la nostalgia, zozobrando triste en las olas, escudriñando las hojas.

Añorando ociosos atardeceres dominicales, pasando mi vida, soñando las horas, pensando en hojas. Naciendo en historias mías, un poco mezquinas. Amaneciendo a solas alimento mi silueta bajo la lluvia pensando en aquellas horas.

Devuélvemelo todo sin porqués

Necesito una fuga a algún lugar donde me esperes.
Aroma de jazmín ilumíname y, guíame al andén. Me
siento en el centro de un hechizo, beodo en un vaivén.
Extraviado en el otoño, y estancando en el tiempo.
Regrésame y dame vida, discúlpame, creo que no debía,
que insolencia esta la mía.

Pero es que no puedo, ando enajenado, me siento un poco
olvidado. Hundiéndome en arenas movedizas, mientras
la memoria me hace trizas. Quizás debajo de toda esta
mierda al fin encuentre una sonrisa. Devuélvemelo todo:
mis prosas, mis versos y aquellos furtivos besos. Los
quiero todos de regreso.

Devuélveme las lágrimas que te derrame

Devuélveme las flores que te regale

Aquellas caricias que en la piel te dibuje

Devuélveme la vida

las bocanas de aire que en orgasmos te entregue

Devuélvemelo todo

cada atardecer, ese sabor a miel

que en tus labios encontré

Devuélvemelo todo sin porqués

Y, si te atreves...regresa tu...después

La hermosura del otoño conmueve muy profundamente

El verano se desdibuja atrayendo grises en vez. El amarillo nato, alegre, se va descolorando en un naranja intenso, fosforescente. En ese instante me sonrió, acaricio a el viento y, le relajo un beso al gris que empieza esbozar el firmamento.

En cama de hojas camino descalzo, desdeñando el asfalto. Añoro las tristes historias que acarrea el otoño. Danzo en silencio con las hojas que se van escapando en el viento. Sonriendo en ese silencio le entono versos al tiempo.

Es un panorama angelical observar las aves migrar. Me pierdo en una embriaguez visual con su ceremonia de despedida estacional. El sonido de sus alas empujando el aire para avanzar, sus cantos resonantes y, su agrupación simétrica arrasa. Este rito se convierte en un baño espiritual el cual no se compara con su imperceptible retorno.

La hermosura del otoño conmueve profundamente. Me niego a aceptar la negatividad o la tristeza equivoca con que se le ha tildado. Lo cual ha creado un concepto erróneo. Cada estación posee su belleza, su significado, en todas me he encontrado y ahí en ese silencio he danzado.

Cuando el silencio habla

Cuando el silencio, habla, me cuenta todo lo que añoro de ti. Describiéndome va todo lo que tus días te deparan. Tus alegrías, lo que te hace derramar una lagrima, el zumbido de las melodías que te poseen. La calidez que le regala tu cuerpo desnudo a las sabanas.

Las sensaciones que vive el agua cuando resbalándose descubre tu piel y, la traza de memoria cuando te ausentas. La misma condena que poseen mis manos que me enfrentan. Los saltos de júbilo que da tu corazón al sentirse tuyo. El dolor del cual son víctimas tus ojos cada vez que son ultrajados del regalo y, el deleite de verte reflejada en el espejo...en cueros.

Las cuerdas de un violín van hilvanando, delicadamente, con largas y lentas pinceladas cada curva de tu cuerpo. La niña de tus ojos te acaricia, suavemente, cuando le regalas el milagro de nadar en ella. Para luego desbordarte como el agua en cataratas, por su lagrimar, atravesando tus mejillas y, culminar reposando en tus pechos jóvenes, bellos, sin importar edad.

Adagio de esperanza

El alba deliberadamente se imprime en mi cara, luego mi cuerpo, como besos. Atravesando las persianas cómplices que duermen cerca de mí. Un nuevo día lleno de luz, contento, difamando tristezas hoy lejanas, llega hasta aquí. Sentimiento abrumador tan fresco, tan virgen, lleno de ansiedad.

Me siento el centro de un hechizo. Es solamente el amanecer y, me profeso perdido en un cuento, enamorado del amor. Azul, tan claro, tan bello, es un acontecimiento. No anhelo ninguna fuga de esta luz de sentimientos.

El canto de pajarillos componiendo una banda sonora de colores, van enamorando mi débil y fracturado corazón. Amanecer sométeme a la luz de tus pasiones y hazme el amor.

He andado como fauno cantando en la oscuridad adagios de esperanza. Soñando malabares de caprichos que me sostienen en cuerdas flojas a continuar, a creer, a amar. Anhelo el alba a gritos silenciosos, muy de adentro con labios cerrados en reposo.

Sin abrigar despedidas ansió una nueva canción, un poema parido con dolor. Seguiré amando cada creación que me da vida y, me llena de amor.

Perdido en los fragmentos de mi vida

Tengo que admitirlo estoy perdido en los fragmentos de mi vida los cuales hoy se ausentan. Esos fragmentos que nunca aprendí a completar, a extender, a explicar.

En melodías que nunca terminaron en canción. En sueños que se durmieron y no vivieron. En aquellos romances que no crecieron y se ahogaron sin amor. En notas que salieron de mi corazón tomando forma en mi diafragma sin transcender a octavas las cuales no tengo, ni he tenido valentía de alcanzar.

Anhelando con una línea solitaria, el doblez para encontrar, cerrar y completar; convirtiéndose en un círculo feliz. Un candil enamorado del espíritu del aceite cuando se encuentra con la chispa y, crea luz. Miradas furtivas, brincos del corazón acelerando el ritmo, estancándose en un sueño y, privándose de culminar en labios preñados de deseo y amor.

Perdido en todas esas pequeñas cosas que se escurren entre los dedos y se nos van, cuestionándonos todo. La canción que todavía no escribo, el verso atrapado entre mis labios que no ha saltado hacia el papel, la novia que nunca tuve. Muchos besos que no han encontrado hogar.

Un canto desesperado

La belleza del respeto que como humanos nos merecemos se desnuda en esta canción. Su espíritu es tan humilde, que se disfraza en el encanto de una voz, al igual que la pasión que se escapa atreves de miradas. La vida está ahí descúbrela, saboréala, vívela, devuélvele el respeto que se merece.

¿Quiero saber porque estoy vivo, porque me tengo algunas veces y otras no?

Un canto desesperado, es el preludio alucinante de la humanidad a gritos tratando de salvar su autenticidad. Un suspiro en el pecho y, cosquillas por dentro hacen detener el tiempo aquí donde nada es eterno. Una sonrisa, un abrazo son tan fuertes que logran levantar de nuestros hombros el peso más molesto. Empatía y aceptación borran líneas divisorias que solamente el lenguaje habría levantado y, al oro disuelto.

Intentemos susurrarnos para escucharnos y, en un suspiro angelical comunicarnos. Al fin, no hay nada que probarnos. Enorgulleciéndonos no de nosotros mismos, ni nuestros logros, sino glorificándonos con amor en el servicio al prójimo. Vamos hacernos mejor de lo que somos así solamente detendremos el tan preciado tiempo.

El egoísmo es una fiebre que nos hará caducar

El cielo está llorando, precipitando su decepción en agua a cantaros. Su sufrimiento ya no puede callar, esconder o perdonar. Las heridas que le hemos causado no aguantan más y, su tristeza y desilusión se nos viene encima. Ni, aunque quisiera nos podría regalar más oportunidades o amnistías. El firmamento se muere de dolor en un sufrimiento del cual somos solos, de acusar.

El egoísmo es una fiebre que nos quema vivos. Nuestra malacrianza y falta de respeto nos hará caducar. En un banalismo que ciega las consecuencias de lo irreversible, nos alimentamos y embustamos a el alma. Andamos a la deriva, en la obscuridad, en un gran océano sin islas para naufragar. Es tan grande la tristeza que nuestro inconsciente zozobro produce que el universo la siente y, se muere.

Soy un hombre ciego, al igual que vos, pero estoy intentando ver un poco más allá del horizonte. Ando buscando razones, dibujando flores, sembrando canciones para adornar un futuro que se aleja a montones.

Ahogándome en sentimientos que se vuelven viejos

Mientras los ruiseñores me siguen cantando ando atareado dibujándote en cada pedazo de papel que encuentro. Plasmando tú rostro en las paredes, tatuando tus ojos en mi piel. Amanezco ceñido con la memoria que va arrebatándome el espíritu de tu recuerdo y, tú que te vas.

Me escapo al mar para bañarme de sal y, evitar estas penas que me hacen mal. Respiro el anochecer evocando encontrarte en la faz de la luna la cual me atormenta con locura. Quisiera creer en la magia y, con un suspiro hacerte regresar. Hoy ya no puedo más, y tu seguirás siendo ilusión mientras te anhelo cada día más.

Ayer mi corazón te dibujo en la cara de alguien que me miro. Mis ojos decayeron y, en el pavimento terminaron mi mirada y la desilusión, al entender los juegos benignos que mis ojos crean sin ton ni son.

//Voy saltando con alas que no vuelan lejos//

//Olvidando canciones que me echan de menos//

//Ahogándome en sentimientos que se vuelven viejos//

//Añorando tu reflejo, junto al mío, en el espejo//

Me gusta soñar

Alguna vez me encontré justo al costado de la tranquilidad de las aguas de un riachuelo. Admirando como las hojas flotaban en su corriente y, cómo veleros se desplazaban a la mar. La sutil melodía que emanaba me tranquilizaba y, me alejaba de la ansiedad. Me gusta soñar.

Buscando mi reflejo en sus transparentes aguas encontré un lado mío el cual la mayoría del tiempo se ausenta. En ocasiones me siento como un juguete roto, descompuesto, sin razón. Cuando ese momento llega no me lo acepto, lucho con la indeseable depresión, hasta levantarme victorioso. Me gusta soñar.

Reposando en un popurrí de: sonido, visuales y emociones en el banco de estas aguas que unen los cerros de "Buda" y los valles de "Pest", del río Danubio, componiendo Budapest; las horas bailan a mi alrededor. Me gusta soñar.

Escapándome a esta tranquilidad me consuelo y, me alejo de los ruidos ensordecedores metropolitanos que me asquean y, me alteran. Derribando la paz interna que mucho me cuesta construir. Me gusta soñar.

La extraordinaria reflexión de Carlota Valdez

Sus vestidos envejecieron, pero ella no. La desaparición de su criatura la enmudeció. Y, en aquel macabro incidente, ella permaneció. Deambulando las calles preguntando a todos, enloqueció. Desmoronándose en la bahía de, San Francisco, y cayendo al agua, falleció.

Las palabras que deletrean...Carlota Valdez, me sedujeron alguna vez. En la belleza de su historia nade, como un pez. Los detalles de esa historia me poseen sin saber por qué. Su hermosura y su desgracia desafían la vejez.

No creo en fantasmas, ni en la reencarnación. Pero en tres generaciones más tarde y, en su propio linaje reapareció. En la vida de su tataranieta retoño. En aquella sublime confusión, Carlota, me conoció y, con su penetrante y antaña mirada me enamoro.

Al parecer, en mí, a alguien más vio. Quizás en mis ojos a su antiguo amante reconoció. Sin entender por qué siento que me encontró. A través de generaciones y, el tiempo el amor no murió. En otros cuerpos este viejo amor regreso y floreció.

Estatua de sal

He llegado aquí conforme y, abrazado en tristeza, olvidando todo. Sin intención de vocalizar una palabra, como una estatua de sal. Las intenciones arrojadas por la borda, por cuenta propia y, la espada enfundada. En busca de un pozo para saciar esta sed. Una sed que debilita, confunde y mata.

¿Felicidad, donde estás? ¡Dime ya!

Los camellos se debilitan mucho más que yo, ellos sin intención ¿y yo? Quizás. Un pie convence y, empuja al otro. ¿Quién soy yo? Un susurro en tu oído. A quien no esperas más. Tu gran error. Un vacío lleno, ahora. Un fantasma que te atormenta. Un pasado que entre las ruinas se va.

Caminando descalza, deambula entre girasoles y canciones, la memoria. Correteando entre besos y rasgando costados, aquellos momentos arrogantes que se creían eternos. Persiguiendo el roce jadeante de genitales enamorados en busca del clímax. Mis brazos, pegados a tu torso, abrazando otros. Mis labios, adjuntos a tu boca, acariciando otros. Desecho de esas emociones auguro castillos moros.

Portal

Las hojas caen, deslizándose como bailarinas en las puntas de los pies, delicadamente acarician todo lo que se topan en su camino y, justo ahí estas vos. Tan sublime, tan fresca, tan real que desapareces con un parpadeo. Posado como cisne, mi reflejo en tus ojos y, mi mirada clavada en lo incierto de tu suave piel. Embriagados con el intoxicante aroma de cercanas amapolas persuadimos el repentino instante a que se eternice.

Poetizando el momento, con la intención de posteriorizarlo, saboreamos el aire, enmarcamos la hora, el día, el año, el lugar. Rodeando el frondoso árbol que te baña, inquirimos su antaño, susurrándole melodías de cuna. Creando un portal por el cual podríamos escapar a esta gloria que nos llena, nos enamora, y nos mantiene vivos, a ti y a mí. Juntos.

Septiembres llueven, abriles florecen, cambiando del pelo el color regresamos a encontrarnos. Pergaminos en la piel registrando las vueltas al sol, nos adueñan. Como cisnes, flotando en los lagos de nuestros ojos, continuamos sintiéndonos, festejándonos, soñándonos. Con tan ansia que por instantes logramos visualizarnos.

Vagabundos de sueños en limbo

El viento dirigiéndonos sur. Entre flores, mariposas y cánticos infantiles. Andamos tan débiles, tan pobres, tan prósperos de ansiedades vacías y sueños dormidos. Encerrados en una catarsis que lentamente lacera y hiere. Vagabundos de sueños en limbo, cabalgando desnudos adueñándonos del aire, el cual nos posee para descubrirnos y, luego abandonarnos.

Sensaciones añejas, maduras, casi físicas, reales, maniobrando historias, guiándonos. Imagino que, con la simple intensión de resguardo, de preservación propia. Alpinistas de enciclopedias deletreando coordinadas, enumerando puntos cardinales, afianzando, diluyendo suspicacias. Vamos siguiendo mapas mal trazados, a medias, por...alguien, u otros...igual.

Testamentos obsoletos, empolvados, tan guardados que se encuentran fácilmente. Escribanos transcendentes queriéndonos decir algo, queriendo compartir sus opiniones, moldearnos una idea, un punto de vista, una meta. Fantaseando con usarnos como vehículos para continuar sus quimeras. Y ahí vamos, resucitando reflexiones para evadirnos de una vacía realidad que como infección cunde, decae, y quema.

Te vi partir felicidad

Quizás en el tren te perdí, abordaste y, yo permanecí en el andén sin ti. Tu sonrisa fresca y genuina, suave a la vez, al otro lado de la ventana me provoco una lagrima. Imprimisteis el sudor de tu pequeña mano en el cristal y dibujasteis un corazón mientras parodiabas un beso. En ese instante levité y al mismo tiempo sentí mi corazón romperse en dos y yo tieso.

El sonido de tu voz me cautivo y poseyó. Su cadencia completamente de mi juicio y de mi ser se adueñó. Me conquistaste de tal manera que tu partida, tan repentina, me destrozo. Me siento tuyo como la abeja de la miel; como del polen los pistilos; como la luna del mar; como la melodía de las canciones; como la música de la lírica; como el poema y la prosa de las sensaciones.

Contigo me voy, quedándome sin mí. Mi espíritu se ha escapado de mi cuerpo y contigo se va. Deshaciéndome de mi piel entendí que es amar y, atrapado en tu voz aprendí a volar. Te vi partir felicidad. Me rehusó a vivir donde reina la soledad.

Desperta pelotudo

Hay seres humanos que tienen una sed de atención hedionda la cual nunca he entendido ni entenderé. Las cosas son simples no hay que complicarlas. Si no recibes de mí lo que vos quieres, ignórame, lo mismo que yo hago con vos, no me reclames.

Yo no necesito a nadie para vivir. No existe un ser humano el cual me dé más satisfacción, ni me entregue más que yo. Llámame narcisista, está bien, no me ofendes. Si vos no eres demasiado interesante para mí no es mi culpa. Quizás no es culpa de nadie, pero estate seguro de que mía no es.

Qué pena das cuando vas mendigando atención, y cuando no se te da reclamas y ofendes. El respeto, la atención, y el regalo de tiempo se gana, no es merecido. Para la charada que conduces en tu cabeza solamente son signos de esquizofrenia delirante y, eso asusta y repudia. Es tan fuerte que te ciega y, terminas ignorándola haciéndote daño solamente a vos. Desperta pelotudo.

La felicidad cree más en mí que yo

Te veo en mis sueños y duele. Duele más que si estuvieras aquí. Envuelto en llanto despierto, y al enfrentar la realidad quisiera regresar al sueño en donde estas. Reciclando días pretendo continuar. Navegando en barco en camino a tu castillo, encerrado en estas jaulas, voy transformando aguas tranquilas en rebeldes sin causas.

Utilizo palabras como curitas, vendajes para cesar el constante fluido de mis heridas. El tiempo pasa y no cierran, no cicatrizan. Mientras te imagino feliz, corriendo en pastos verdes, sonriendo en reciproco. Te siento lejos haciendo planes los cuales no me incluyen y, yo aquí muriendo por dentro.

¿Se habrá cerrado la gracia? ¿Estaré sufriendo un karma? ¿Habrá una parte de mí que desde lejos me observa desde el otro lado y llora y sufre conmigo, donde me espera una felicidad? ¿Estaré pagando un precio por mi mal comportamiento?

Necesito escribir para aliviar mi dolor, con cuidado me regalo este sueño--"la felicidad me espera sentada en algún lugar, tranquila, confiando en mí, confiando que algún día la encontrare" --La felicidad cree mucho más en mí que yo.

Hoy es uno de esos días donde tu recuerdo está a flor de piel

Estoy parado tratando de no desmoronarme justo enfrente de tu foto. Hoy es uno de esos días donde tu recuerdo está a flor de piel envidiando aquellos en los cuales te me escapas, te desapareces sin reposo. Que lucha la mía, tan constante, tan fuerte, tan profunda como un pozo.

El reverberó inquebrantable de la precipitación en el cristal de la ventana harmoniza la melancolía del instante y me desprende un poco de él. Intentando que mis lágrimas se extravíen en la lluvia salgo y me dejo abrazar por ella. Con los pies descalzo en el pavimento embriago mis sentidos para escapar y, por estas simplezas me dejo enamorar.

Bañado en esta agua cariñosa me despojo de esta angustia que me asfixia e invulnerablemente me gobierna. Distraído en ilusiones transitorias logro recordar cómo se siente una sonrisa en mi mejilla. Es como devorar y saborear una fruta hasta la semilla. Un sentimiento tan sublime como el de Adam sabiendo que Eva salió de su costilla.

Hasta siempre "Bonnet"

Han transcurrido 40 años y, hoy todavía recuerdo esa mañana de abril. Eras tan solo un niño y al mismo tiempo víctima del color de tu piel, de la creencia de tus padres, de tu pene circuncidado. Te arrancaron de entre nosotros sin saber con certeza cual sería tu destino.

Unos años después me enteré de que habías muerto en, Auschwitz. Me entregaste tus libros, al menos estuvimos ese momento juntos y, te llevaste mi copia de, *Arabian nights*. Nunca he tenido el valor de terminarla de leer me ahogaría en tu memoria y, no creo poder.

La escuela fue cerrada esa mañana y, poco después en un ataque aéreo bombardeada. Nos salvaste la vida, Kippelstein, me ahogo en lágrimas escribiendo esto. El Padre Jean fue fusilado en, Mauthausen. Qué ironía un cristiano asesinado por ocultar un judío.

"Hasta siempre Bonnet", se escapaba de mis ojos esa mañana al verte partir, mis labios cerrados. Mis cuerdas vocales paralizadas, mi corazón creyendo que te volvería a ver. Han transcurrido 40 años y, hoy todavía recuerdo esa mañana de abril.

Estuve roto mucho tiempo, pero ya No

Tantas mariposas revoloteando, tan naranjas, rubíes, rojas. Exorbitantes para contar, alrededor, miles, lentas, soñolientas, exhaustas pero hermosas. En la cúspide de su migración.

Hay palabras que se dicen en alta voz, y cambian todo. Los brazos se convierten en alas. Una bestia muta a hombre. Una niña calla por cien años. Un hombre joven tiene que recorrer el mundo para encontrarse. Mientras otros congelados en el tiempo rebosan de impotencia al despertarse.

Te sigo enterrando en cada lugar que voy. Ellos en un movimiento constante a mi alrededor y, yo aquí quieto ahuyentando con música él dolor. Cuestionándolo todo como un niño con arañazos en las rodillas y mocos en la nariz, empapado en sudor.

Camino sin pensar pisándome los cordones al andar. La luz de los autos en la carreta me iluminan--como acomodador en un cine oscuro. Y yo devorándome cigarros con las manos en los bolsillos, desganado, murmuro: Estuve roto mucho tiempo, pero ya No, orgullo.

Enamorando al tiempo a que se quede un rato

Otro cambio de temporadas azota mi vida. No creo alguna vez haber soñado que llegaría hasta aquí vivo y con tanta sensatez. Como las mariposas bailan con la luz creándose una sombra por compañía, ahí me encuentras estos días. Sin necesidad...añorando.

Le Susurro canciones al oído, enamoro al tiempo a que se quede un rato y no ande tan de prisa. Le Regalo flores, le escribió poemas. Damos vueltas de la mano, en la arena, escribiendo nuestros nombres en un corazón. Bailamos suavemente, compenetrados, debajo de la luna. Acariciándonos los labios con los labios; soñando.

Utilizo todas las artimañas que he aprendido con la vida para enamorarlo y que se quede. Pero más sabe el diablo por viejo que por diablo. Me acaricia con genuinidad--lo siento. Me besa suavemente en la mejilla. Me despeina sin decir palabra alguna, se voltea y por respeto a los momentos compartidos se aleja de mí, lentamente.

Una felicidad que se nos ríe en la cara, sin conciencia

Qué triste es estar consiente que no nacisteis para alcanzar la felicidad. Ahogándote en una inmensurable apatía y frialdad. En la vida se paga todo al contado. A veces un poco, a veces mucho, a veces todo lo que tienes, y has alcanzado.

En medio de la noche, envuelto en un sudor escalofriante en gritos mi subconsciente me despierta. Trayéndome de regreso a mi desgarrante realidad y, en medio de esa obscuridad no le atino tanto ni me rasga como a la luz del día. La luz que ciega de la cual corro y me escondo. Corro sin cesar entre la gente sin mirar a ningún lado, escapándome, escapándome de mí, sin mirar atrás. Corro hasta caerme, hasta que la falta de energía me desmorona, y me lleva a mis rodillas y de regreso aquí, a la realidad.

¿Qué es esto que hacemos, por lo que pasamos, que es esto lo cual llamamos vida? Una vitrina de alientos, de momentos, de decisiones, de dolor, de una felicidad que se nos ríe en la cara sin conciencia, sin cuidado, sin importarle un carajo quien somos, ni el daño que nos hace. Ella va tan contenta sonsacando, coqueteando, maltratándonos, sabiendo que nunca se nos va a entregar ni dejarnos poseerla.

Y andamos como idiotas persiguiéndola, trazando, manufacturando, dibujando historias, utopías, futuros, incluso compartiéndola con semejantes. Envueltos en espejismos que otros disfrutando nos crean, caemos en

la mentira, que también nos tocara. Que alcanzaremos
ese oasis, en nuestro desierto tan plano, tan vasto. Sin
principio, ni fin. Estancados en circos dominantes,
reclusorios, fuertes como un adoquín.

El mayor riesgo es no tomar uno

En sueños no empinamos, desafiando la gravedad, que se yo, todo. ¿Andamos buscando algo, yo no sé, sabrás tú? Distrayéndome con tus cuadros, tus palabras, tus historias. ¿En dos sillas estáis sentados, cuestionándoos, atacándoos, preguntándoos, ¿Por qué? ¿Como llegamos hasta acá?

Lanzando palomas al aire, tratando de descifrar la razón de nuestra existencia, al horizonte. El cual no responde, ignorándonos por puro entretenimiento. Enlaza un par de palabras y déjate ir, sin miedo, como cascada llegara el resto. El mayor riesgo es no tomar uno, estar sujeto.

Un par de canicas rebotando en carambola y ahí estas vos, tan sublime, tan hermosa, tan real. Coloreando en harmonía lo que trato de expresar. Eres tan trascendental que me abusas porque sí. No os preocupéis es un honor recibir tanta autonomía de ti. Los bigotes de la antena se atreven a captar tu sintonía, desgarrándose, deshaciéndose en cada instante, creciendo más fuerte, muriendo, viviendo un día más, un poco más.

Tristemente caducando

Vivimos en un mundo nefasto, desconsolante, deprimente. Navegamos en un presente sin futuro con un pasado borroso, incierto. Andaba por ahí revolviéndome las vísceras...viviendo. Mirando desde afuera como el tiempo pasa, como ellos viven, como el mundo gira... escribiendo. Sembrando palabras, cosechando oraciones, alimentando renglones; desde adentro...desvistiéndome.

¿Si los cielos azules desbordaran el pergamino que documenta cuan sería el desgano, o quizás un agrado?

Trazando metas, alimentándonos del otro sin regalarnos una simple sonrisa. Con la barriga descubierta, ostentando banalidades sintiéndonos dueños de todo, merecedores, viviendo a prisa. Humanidad das pena con tu inconciencia. Tu ignorancia derrama un aroma petrificante, estas tan ciega que tropiezas con vos misma. Que daño tan grande nos hemos hecho que nos hechiza.

Y por ahí ando deshaciéndome de todo, enterrando posesiones. Soñando con una generación con tanta empatía, tan emocional que no se desmorone. Desangrándome, desgarrándome intento ocultarme en cada esquina oscura de mi mente, lejos de este mundo, observando. Sentado ahí desnudo, buscándome, escribo poesía, y voy tristemente caducando.

Nuestra aventura es mucho más que un recuerdo

Recostado en mis sentimientos, con lágrimas en los ojos, escuchando "An affair to remember" en los labios de Deborah Kerr. Los minutos bailan enternecidos a mi alrededor. Ahora comprendo la impresión que imprimió en, Norah Ephron.

¿Sera suficiente cerrar los ojos fuertemente y desear? Deber haber algo más entre nosotros, más que el océano. Me encuentro en el futuro, allá donde estas vos, y la felicidad. Donde nuestra aventura es mucho más que un recuerdo. Donde un abrazo y un beso son más entrañables que las añoranzas.

Esta realidad, sin ti, que hiere, mucho más que el dolor emocional de la invalidez me desmorona. Me apuñala un millón de veces hasta casi desangrarme, aniquilarme. Solamente tu presencia puede aliviarme. Si te pudiera abrazar todo sería tan fácil. Nada es imposible, si tú puedes pintar, yo puedo caminar.

El egoísmo es una fiebre que nos hará caducar

El cielo está llorando, precipitando su decepción en agua a cantaros. Su sufrimiento ya no puede callar, esconder o perdonar. Las heridas que le hemos causado no aguantan más y, su tristeza y desilusión se nos viene encima. Ni, aunque quisiera nos podría regalar más oportunidades o amnistías. El firmamento se muere de dolor en un sufrimiento del cual somos, solos, de acusar.

El egoísmo es una fiebre que nos quema vivos. Nuestra malacrianza y falta de respeto, nos hará caducar.
En una banalidad, que ciega las consecuencias de lo irreversible, nos alimentamos y embustamos a el alma.

Andamos a la deriva, en la obscuridad, en un gran océano sin islas para naufragar. Es tan grande la tristeza que nuestro inconsciente zozobro produce que el universo la siente y se muere.

Soy un hombre ciego, al igual que vos, pero estoy intentando ver un poco más allá del horizonte. Ando buscando razones, dibujando flores, sembrando canciones para adornar un futuro que se aleja cada día más.

Espérame

Espérame, arropa la paciencia en sonrisas y, la seguridad de llenar los espacios vacíos en un portarretratos. Espérame, con la misma anticipación que las hojas el roció, que la faz de mi piel el calor del sol.

Espérame, con el aprecio que un incapacitado sonoro siente por el lenguaje de símbolos. Como una sonrisa dibujada en la cara de un invidente al sumergirse, con sus dedos leyendo, en una historia de amor.

Espérame, bailando con la lluvia, saboreando las gotas que al caer te acarician. Espérame, con el corazón en la mano, mientras remiendo el mío con la anticipación de nuestra unión. Espérame, con la misma ansiedad que siento yo, pero espérame para así escaparnos juntos de ser dos.

Corazón dormido

¿Si tus ojos pudieran hablar, que dijeran? Haz tuyas las palabras. Descríbeme el día. El sonido de los pájaros. El color que dibuja la luz del sol atravesando las nubes. El sabor de la lluvia. El olor del roció en el alba. La palabra secreta que todo eso contiene alimentando el alma.

La elocución es lo que nos hace diferentes, enriquecidos, sensibles, llenos de vida; diferenciándonos de un trozo de arcilla. Sumerge el pincel en los colores, llénalos de alegría, para que así plasmen en el papel una fresca bienvenida.

No puedo perder más. No te has perdido. Siempre te encontraras en las palabras que llevas contigo, en cada verso que has escrito, en todo lo que despierte tu corazón dormido.

Encuerando el silencio enardecido de la confusión

Trato de disfrazar en palabras que me siento solitario y, que todo se desenamora de mí. Creándome ratos con el corazón en la mano arrebatándome en el romance de la revolución. Permitiéndole a la añoranza que me pinte. Consintiéndole todo bondadosamente incluso que dicte.

Atado al recuerdo de tu obsesión. Encuerando el silencio enardecido de la confusión. Es un sacrilegio permitirnos, sin elocuencia, apagarnos la luz de los sentimientos. Ando fugándome sobre los labios de otras flores, nocturnamente huyendo. Sin rubor me escapo canónicamente.

Sobreviviendo lagrimas que esperan penas pasajeras. Por favor, dibújame un clavel en el amanecer de tu corazón. No apagues el candil de aquel espíritu de la creencia que me salva. No mires hacia atrás derrotado por las musas del ayer. Saborea lo que se te dio y se marchó. No te pierdas en la nieve del dolor.

El poema más lindo del mundo

Vacilando si un ramo de rosas o mis sueños en manantial. Santos besos que en el aire escurriéndose, dibujándose, con tu aroma van enamorándome. Abrigándote bienvenidas inmensurablemente estoy preso en la lluvia, y en las nubes que sueles ver. Descríbeme donde te escondes a mentir; sin descartar no tienes nada que perder.

Voy perdiéndome buscándote, y vas escapándote como el viento, deslumbrando en destellos los colores que te hacen ser. Siempre quiso marcharse lejos, sin anhelos, dejándome añorando su reflejo en el espejo. Algún día con palabras le ofrecí caramelos, un par de antojos, un mapa en la pared. Aparejamiento filial y un destino angelical del cual no me quiero acordar.

Como un silbido ahogado llamándome a comer, como aquellos papalotes que solíamos correr. Canicas en hoyos, "el bola de nieves", casetes en la grabadora. Con una borrachera que tumbo, de historias que acongojan, disuadiéndome a escribir en zumbos el poema más lindo del mundo.

Ensartando agujas a ciegas en la madrugada

Asfixiándome en querencias y, aferrándome a la vida porque no es mía. La culpa anda buscando dueños a la deriva. Disfrazándose en anhelos y despedidas que atormentan día a día. Un poeta perdió su diario, y un gato su canario. Libros que no se han escrito todavía perfuman con un aroma contestatario.

Rellenando crucigramas, acabando tinta a toneladas. Deslizando penas en fotografías viejas y amarillas, como cuchillos en la mantequilla. Desahogando el pasado con lágrimas en la mejilla soñando con sembrar una nueva semilla.

Ensartando agujas a ciegas en la madrugada. Estafándole los ojos a amores ambulatorios. Ahuyentando lobos expiatorios que perpetúan la llegada de la mañana. Apaciguando huérfanos en triste sanatorios.

Evitando hundirme sin destino en el centro del dolor intento exorcizarme con los versos de esta canción. Un poema fúnebre sin ganas, oscuro, ametrallándome a las malas. Con un soplido de alegrías, retrasada pero presente se asoma la mañana, y me arropa con sus alas.

Toma tú las riendas y, hazme volver en sí

Hoy no, no creo poder escribirte un verso enamorado.
Ahora no, no te podría regalar lo que me fue robado.
Esta noche no, no creo poder entregarme por completo y
escaparme en un libreto disfrazado que borre el pasado.
Pero intentare escucharte pobre Corazón enajenado.

Ven cuéntame, susúrrame al oído lo que te ha deparado
el destino. Dibújame en saltos…todo: el miedo, el
contratiempo y, el maldito frío que te encierra y te borra,
sin un cariño mío. Y te prometo que algún día te regalare
un idilio que te llene tanto como a mí, en delirio.

Te confieso, que al igual que de mí, me había olvidado
tristemente de ti. Ahogándome en estupefacientes
delirantes los cuales me hacen perderme sin fin. Pero
ya no puedo más me rindo a ti. Toma tú las riendas y,
hazme volver en sí.

Derribando muros divisorios

¿Qué tal si intercambiaras tu Yarmulke por su Hijab y, si los dos me ayudaran a rezarle al crucifijo al cual yo amo y le confío? ¿Qué tal que sin juzgarnos nos amaramos y, con un beso y un abrazo nos aceptáramos? ¿Por qué nos creamos separaciones con religiones, alejándonos en escrutinio en denominaciones? Cuando estamos conscientes que solamente de amor se alimentan los corazones.

¿Qué tal si nos olvidáramos de lo malo del pasado y, nos llenáramos de respeto y agasajos? ¿Qué tal si descargáramos la ira y la impotencia derribando muros divisorios, y nuestras inútiles diferencias? Despojémonos de juicios irracionales y, entreguémonos por completo en sentimientos cabales. Cual belleza sería esbozarnos sonrisas entre rosales.

Evitémonos la muerte prematura por nuestras ideas cerradas y sin cordura. Aprendamos a amarnos sin explicación alguna perdiéndonos en cariños y ternura. Deshagámonos de una vez y por todas, de la amargura, la cual nos hace perder la cabeza y nos tortura. Escapémonos amenamente y, de la mano, bajo la luz de la luna.

Eminente tridente

Atrapado en el sublime movimiento de tus dedos en las teclas y el sonido cautivante que emanan de ese viejo piano me enternezco y procuro escribir cuatro líneas ya de plano fermentadas. Sintiendo el armonizante centelleo de las gotas de lluvia en el vitral como ritmo me inspiro. Sustantivos, adjetivos, complementándose van cartografiando oraciones que se deslizan en versos y siento al firmamento magistrado elocución a tersos.

Tan real como los unicornios en la imaginación de niños se dibujan justo en frente mío en lienzo, pinceladas de emociones y legendarios amores de los cuales caigo prisionero por montones. Escurriéndose en el óleo, corren: besos, caricias, climas sexuales totales, rellenando páginas de un libro de historias pasionales. Deslumbrando sensualmente con su paso la retina seducida del cual se embriague con la belleza anonadadora de su espontaneidad bendita.

No me cuesta nada sonreírme mientras ando navegando en historias empíricas. Creadas por mis sentimientos, alimentadas por mi corazón y coreografiadas por mi mente. Las cuales van saciándome temporalmente en este eminente tridente.

El sonido del hielo

El sonido del hielo nos recuerda el que hace nuestro estomago cuando sentimos hambre. El que produce la sangre fluyendo por nuestras venas. Aquel silencio olvidado que sentimos en útero cuando somos fetos. El arrulló universal, que traspasa fronteras y lenguas, de una madre y su más preciado anhelo

Hoy encontrare mil razones para continuar

Un rey melancólico asomando su mirada a través de una ventana, despoja la húmeda soledad de su ciudadela atrás. Alimenta su rostro de tibia claridad y, desafiante beldad visual que justo a fuera de su incúmbete mazmorra mora. Encontrándose en los rayos de sol que acarician sus mejillas y, nutren de vitaminas, desafía tímidamente a sus labios a ser más que la frígida cornisa de su boca.

Las sublimes melodías de ruiseñores delicadamente despiertan sus tímpanos dormidos regalando malabares decibeles. Enamora su olfato platónicamente con un preciso balance de lirios, rosas, gardenias y claveles. Al alcance de sus manos le coquetea el delirante sabor, levitando en sus ramas, de duraznos. Un ajetreo emocional del cual se habría alejado, regreso, y en chubascos.

Me niego a continuar hundiéndome en sombras que rodean mis ojos y, ahuyentando en lágrimas a la felicidad. Hoy encontrare mil razones para continuar, para dejarte ir y recomenzar. Mis pensamientos te seguirán y nada más, porque mi corazón conmigo aquí se quedará.

...Como el tiempo continua

Si septiembre fuera un mes cantaría: creo que algún día extrañare esta alegría. En agosto te pensé mil perdones de antemano si en octubre te olvidé. Me robe esta melodía con la simple idea de escribir poesía. Y, si en palabras me perdí y te abandone, en estas líneas que escribí te encontrare.

El tiempo pasa en armonía como los autos en la avenida. Me embriagaría al buscarte para despertar cuando te encontrase. Contemplo todo lo que me rodea, desnudo y lejos donde no me vean. Navegando sin discrepancias a la deriva tropiezo con los días.

Dependiente de escrituras para espantar alturas me daba vuelta en la bahía. En cada línea sentía que me consumía en despedidas. Atestiguando como el tiempo continua sin respeto a nada, y sin medidas.

En un callejón vacío dos gatos comen los restos de un pescado

Recordar es como reparar un viejo edificio con las rocas de sus ruinas, y esas rocas son las memorias. Es inevitable, cuando creces y maduras, tu corazón muere convirtiéndose en un puñado de malabares de encuentros y despedidas. Aquel paraíso de leche y miel esa viuda obscura la cual asfixiaba a sus amores desde adentro ahora no es nada más que un cajón debajo de la piel.

¿Puedes sentir los detalles? Todos esos instantes los cuales no terminaron en palabras ni encontraron un hogar en el papel. Creando en espacios vacías, en páginas blancas, meticulosos pero hermosos paisajes convirtiendo ideas en realidades, suposiciones en verdades. Incluso te puedes imaginar esos momentos distantes, aunque no quieras, entrelazando todo eso para lograr sentir las entidades.

En un callejón vacío dos gatos comen los restos de un pescado. Sin desperdicio alguno mastican entrañas a desmedidas con la misma ansiedad de un viajero perdido en un extraño desierto. Ahuyentando desesperos de perder el juicio, y terminar muerto. Se desliza en su mente, acariciando tiernamente, cada recuerdo.

Regalarte sonrisas en un lejano presente

¿Me podrías decir porque te amo tanto?

Te amo. Más que nada amo tu inocencia. Incluso al final de tus días cuando estés lleno de experiencias nunca te abandonara tu inocencia. Sentí un inmenso y aplastante pavor como si en un distante horizonte un vago desastre perdiera el pudor.

Es como andar a tientas, a la deriva, por un inmenso valle de verde grama. Perseguido por el revoloteo insaciable de cuervos. Tomando turnos van picoteándote, desgarrándote lentamente en tu inmensurable apatía, la cual incluso en este caótico momento radia.

Mas allá de cada cosa que intentes, de cada historia que pienses, de cada sentimiento indecente renacerás en un aleteo de mariposas incandescentes. Te sentaras y, le permitirás a tus mejillas regalarte sonrisas en un lejano presente.

Sentada en una silla, tranquila, debajo de la lluvia.

Sentada en una silla, tranquila, debajo de la lluvia.
María, con la vista en nada, vacía, sus lágrimas perdía.
Me le acerqué y le di un beso en cada labio, en enternezco,
con los ojos abiertos. Sin parpadear casi, sin respirar,
su mirada extraviada me atravesaba mientras yo me
perdía en su calma. Ella en mí no encontraba nada y, yo
nadaba en letargo con su alma.

Era una lluvia tibia de abril en uno de esos días donde no
te quieres ni vestir, pero andabas tan lejos y perdida que
te quise descubrir. Mientras llovía y llovía, y las gotas
caían sobre nuestros cuerpos a desmedida, sublimemente
en tu mirada vacía en pestañazos te me aparecías.

Rodeada de flores, afecto y besos, dibujabas tu niñez
como un libro de cuentos. Una adolescencia que se tornó
corta por una aventura que te convirtió en adulta, y te
dejo una criatura. Inocente, sin reparar daños tales la
abandonaste a su suerte en los escalones de un edificio
con vitrales.

El tiempo paso, y esa decisión inmadura, descabellada,
se te olvido. La vida con sus garras te destrozo. Sin
saber si fue la suerte, desgracia o simplemente karma.
Ahora, acabada, derrotada, en tu mediana edad extrañas
su alma. María, aquí estoy a tus pies abrazando tus
desgracias, arrodillado en tu pena, suplicando que me
dejes ayudarte a encontrar tu calma.

El mundo acabándose y yo con esta idea loca de escribir Poesía.

Cegados por el humo nuclear vamos adueñándonos de los pocos glaciares que todavía quedan. Saltando entre las grietas que hoy día conforman el pavimento componemos carreteras. Trazamos nuevos mapas, descubriéndonos geográficamente, aprendemos a respetarnos humanamente. Entre torbellinos pretendemos sobrevivir todo este futuro que no hemos preparado.

Embelesados en recuerdos de flores que se abren, pájaros que vuelan, y arcoíris que embellecen el cielo enterramos nuevos muertos. Mientras, la esclavitud anda camuflajeada de patriotismo y se oculta detrás de fachadas que pregonan libertad. Cenamos con la vanidad en largas mesas de realeza entre risas, y brindamos con la sangre derramada que nos regala esta embriagadora y efímera realidad.

Nos aferramos a sobrevivir esta tempestad que nos anda enseñando solidaridad mientras la vida se nos va. Pero todavía continuamos ciegos sin saber la ruta, enfangados y a oscuras. Descubriendo estas líneas unas lágrimas viejas se me escapan y me consuelan susurrándome tiernamente en el oído ya hemos estado aquí perdiendo potestad. No te acongojes poeta, no te pierdas en la tempestad.

Acunando una revolución de imaginación

Recitando donde nadie me escucha. Vomitando historias con palabras sin excusas. Líneas bien servidas en placer, una lujuria lírica que no embusta. Palpitando adjetivos entre comas desplomando sensaciones que asustan. Engendrando personajes perdidos entre historias que enajenados se buscan.

Rodeado por tantos que se encuentran presentes, pero se ausentan o los espanto. Las moscas libándole la luz a la bombilla, necios que te esquivan sin encanto. Aliviando ademanes evitando cursilerías con etimología escondida en cantos. Mentes desnudas asintiendo, tropezando con islas de vez en cuando.

Soñando con que la gente sueñe, que amen, la mente humana está hecha de imaginación. En un mundo de plagas y sequías, soñemos con poesía. Acunando un sueño de amnistías, renacimiento y bendición. Las revoluciones políticas son de añejo pero una poética un germino de pasión.

Rodeado de cuervos que intentando salvarse me venden a los muertos.

Rodeado de cuervos que intentando salvarse me venden a los muertos. Exorbitados como colibrís succionando miel, van despellejándome la piel. Despilfarrando amenidades se presentan como oasis, disfrazados de amistades. Maquillándose sonrisas como actores vozarrean argumentos proclamando amores.

Diluyen sus natas intenciones como el alcohol en agua en pequeños ciclones. Es tan grande su necesidad que se convierten en víctimas de su animosidad. En destellos de sobriedad se recuperan y, regresan a su obscenidad. Ciertamente creen que me envuelven. Se convencen ciegamente de su macabra ingeniosidad. La tristeza y el miedo, titeteándolos, los consume en ambigüedad.

Tensos instantes, como cuerdas de un violonchelo transmitiendo letanía, desconsuelo. Se aferran, los cuervos, como prisioneros de guerra a sus banderas mordiendo su propio anzuelo. Persuadiéndose ellos mismos los observo en triste duelo. Me acongoja su intención desesperada que los arrastra por los pies, y se los llevan lejos.

Buscando carreteles de hilo debajo de la cama

Arturo se fue. Se fue a un país extraño, a buscar suerte. Flemático de pensamientos, burocrático de sentimientos, venático de avivamientos. Jugando a las escondidas con el destino sin espavientos. Se fue, sin mirar atrás, sin ningún tipo de melancolía, sin arrepentimientos.

Los años pasaron tibiamente ahuyentando la cordura. En altavoces se dispensaba la demencia que corría adelantada quebrantando las costuras. Y, Arturo, atareado con la trivialidad cotidiana, y ensordecido por los ruidos internos, alimentaba el delirio sin censuras. La claridad en suspiros intermitentes lo mantenían en el suelo lejos de las alturas.

Copulando con la indiferencia en público al descaro desnudaba la mente sin amparo. El juicio se alejaba en círculos como un velero en la noche sin la luz de un faro. La sensatez, se encontraba rara, espantada como niños al ver fantasmas cubiertos en sabanas. Dominado y escupido, Arturo, termino buscando carreteles de hilo debajo de la cama.

Implorándole a tu recuerdo que me olvidara

Veo como se esfuman esos hijos que te prometí y como aun sin mí los buscas por ahí. Nunca logre ver tu fuego andaba domesticando mis fieras sin miedo. Confundí tus genuinas ganas de plasmarte en mi con todos tus infantiles juegos. Despeino sin piedad esta melancolía que hoy me hunde, desde luego.

Trato de encontrarte entre líneas, de saborear tu sonrisa imbuida y nívea. anhelando con guiñarle el ojo a la memoria, confundirla, hurtarte, y arrebatarte como a las nuevas indias. Pero no soy tonto, entiendo, no lo logro y hasta cuando te sueño me abochorno.

Y sigo caminando, doblando cada esquina cerrándome como, Alhelís, fuera de temporada. Sabiendo que no estarás sentada esperándome en cualquier quicio con ese vestido de flores que me encantaba. Y que nuca cataremos vinos, descalzos en la madrugada mientras sisne. Que todo fue una alucinación y nada mas ayer cantaba, implorándole a tu recuerdo que me olvidara.

Sinistrórsum

Siempre hay algo auténtico oculto en cada falsificación. No podría estar más de acuerdo. ¿Crees que se podría decir que el amor es una obra de arte? ¿Crees que el amor podría ser falso? No hay necesidad de esta muestra de angustia.

Los he estado coleccionando toda mi vida. Los he amado y, me han amado. Me han enseñado a esperar por ti. Si uno debe ser consumido por el amor al arte, su evaluación es lo que siempre durará.

Como subastador, siempre he estado rodeado de las más sobresalientes obras de arte confiando ciegamente en mi ojo evaluador. Nunca pensé que podría ser engañado por la ignorancia y la codicia de la juventud. Egoístamente he guardado cada pieza que inconscientemente complació mi corazón.

¿Dónde plasmarías el amor que llevas dentro?

Me siento en caída libre a punto de tocar fondo. Anhelo ser rescatado en pleno vuelo, pero no, todavía no. ¿Me llamasteis hace una semana? No te has enterado de nada, el orgullo persistió. Necesito fugarme, rápidamente, a un mundo de locura. Donde nada deslumbre, ni la miseria, ni la destrucción. Donde se aprenda a llorar por motivos más grandes que por lo que se ha perdido o por vanidad. Unos cuantos días prestados por el tiempo esa es la vida. Todos vienen y se van, asientes con la cabeza, nada puedes hacer, qué más da.

Deshollinando ademanes que has hurtado para reprender a el amor que no está de moda. Enterrando malabares de decencia para estropear lo irreal que se asoma por ventanas que se cierran desde adentro. Y la marea como siempre pensando que hace lo que le da la gana, pensando que piensa. Es una niña que juega hasta donde la luna le suelte la rienda. Ando acá donde se eternizan los recuerdos, donde se olvidaron de olvidarme. Titiritando en medio del verano.

Buscando lo infinito que te falta: la soledad, la libertad. ¿Dónde plasmarías el amor que llevas dentro?

¿Qué será de la abeja en el placard?

Me encontré una abeja en el placard le cerré la puerta,
y nada más. Apague el televisor. No arregle la luz que
se rompió. Caminando con mi madre todo me encojono.
Regalándome flores me enteré de que, Feliu, se murió.

Alimentando fieras el amor se me escondió.
Mendigándole atención a una canción me floreció
una descripción. Ondulando agua en obsesión sin por
menores sin razón. Me di cuenta de quien soy mientras
escribía esta canción.

Tejiendo oraciones bajo la sombra de los árboles, ondas
musicales como brisa, me acariciaban los mentones.
Víctima de la inercia me daba la vuelta sin tomar
decisiones. Con y sin ansias por regresar terminé en
estrofas, y me puse a cantar: ¿Que será de la abeja en el
placard?

Los Artistas

Los artistas no andan por ahí tratando de vivir la vida. Amonestando todo, exhibiéndose en telones. Empolvándose las cejas y, bailando en los salones. Ni endrogándose porque le sale de los...

Los artistas son artistas. Sin prejuicios, sin renglones. Los artistas son tan artistas que ni ellos mismos saben que son artistas.

Obrero del Arte

Aquí, a oscuras, con la luz de una vela que disipa las tinieblas, me encuentro. Entre cuatro paredes y un techo, con papel y lápiz me confieso, buscando la inmortalidad. La voz de Edith Piaf se escapa del megáfono sin piedad.

Tengo fiebre de artista creo que el mundo es algo que me he imaginado. Y al mismo tiempo estoy enamorado de quien lo a creado. Amanezco abucheando pesadillas, escuchando del reloj las manecillas. Consintiéndome la vista haciendo malabares como un trapecista.

En un mundo donde la lengua se mastica a trizas, y las palabras se convierten clandestinas; incluso caminando hasta la esquina se respira poesía.

Escribano

Esquivando tus piedras con la mano, te arranque una flor para decirte que no todo fue en vano. Me escuchaba de antemano mientras describía el día, un escribano. Recitando: Un amigo, son las flores que la vida te regala en hermanos. Me comunicaba elocuentemente sin estragos.

Sentando en el contén de la acera lo mire de arriba abajo y telepáticamente le dije que se fuera. Yo quería estar a solas, en mi mente contemplando mis ideas. Y el ahí como siempre opinando sin pena. Hay momentos que son míos, tan emocionales, que me marcan la vida. Son algunos de los pocos que no quiero que recites...y recitas.

No me digas nada déjame observarte en el puerto cuando estibas. Desde lejos te disfruto sin juzgarte nada, ni como vivas. Has lo mismo apártate este instante y, déjame que escriba.

Estas palabras se perderán por mi pobreza

¿Girasol, y los botes? Por ahí andan...dormitando por el día y, componiendo melodías. Si ves que está perdido, no se lo digas. Ni lo mires ni le pidas. Le molesta cualquier bobería. Y la humanidad haciendo fila.

¿Quién va a el río a tomar agua y, a pasar frío? ¿Cuántas estrellas fugases ves? ¿Cuantos peces al revés?

Demasiadas astillas en la madera. Pocos arboles en la ladera. Muchas flores en la primavera. Un cielo lleno de estrellas. Y los botes cabizbajos llenos de pena. Princesas sin damiselas.

Escribiendo por rutina, sin destreza. Casi sin nada, ella se embelesa. Apuntalando con palabras la tristeza. Repudiando apáticamente la belleza. Caminando sin certeza. Estas palabras se perderán por mi pobreza.

Varados en el tiempo

Es tan fácil correr hacia la salida. Y Alucinante ver como se diluyen en pesadillas las fantasías. El mural que se creó lo escupieron con colores a desmedidas. Alicatando la utopía en chapucerías. Me acurruco en cama tibia con memorias bandidas.

Pasar tantas noches en vela adorna mas que cualquiera diadema. Vamos mudando la piel en cadena. La tierra rajándose, el mundo acabándose y, vosotros cantando y bailando, totalmente inconscientes del dilema. Cuando las estrellas se apaguen se iluminarán los que blasfeman.

Perdonadme si parece que os estoy juzgando. Acorralado entre un incierto futuro, y el presente que andamos caminando, me ando desgarrando. Arrancaos las mascaras y arrojadlas al fuego no nos hagamos más daño. Amémonos más y, viviremos muchos años.

En realidad, sueño con lo que me espera.

Criaturas en vela tan estáticos como pantomimas y estrellas. El reflejo en el espejo anda loco de remate no me mira a los ojos. Solo espera que estalle. No te me acerques, ni me agredas. Ando buscando historietas en mi vieja bicicleta.

Abanico de palabras entrelazadas en libretas que sueñan con exhibirse en bibliotecas. Curo con incienso todo lo que se escapa en léxico y devela en letras. Diez mil años no te salvaran la vida. Recuéstate en la hamaca, súbele al volumen y, así no te enteras.

Los ladridos no atormentan tanto, se confunden con las ondas musicales, con las letras, con las semi-corcheas, también con las completas. Una ansiedad insolente que me condena; me cuestiona: ¿Lograras todo eso que anhelas, o simplemente desaparecerás entre las ranuras, como cualquiera? ¿Plasmaras el carbón que llevas en los dedos para describirlo todo en paredes blancas, o seguirás deshollinando chimeneas en la primavera?

Faldita plisada

La pobre con su faldita plisada, y la vista enamorada.
Una lagrima en la mejilla, exiliada, le negaba empañarle
la mirada. Y, ella ahí luchando; explicándose. Un objeto
extraviado intentaba materializarse desde lo adjudicado.

Compartí lo que pude, lo que me pidió, y me molesto.
Estacione la arena, para serenamente contemplarla
bailar la macarena. No hubo presentaciones, ni penas,
ni cicatrices, ni héroes, ni nada. Ni doncellas que se
encelan.

Caminando por la acera reaccione. Me fume un porro
y, defeque detrás de una gasolinera. Vagabundo de
quimeras, pero consiente que el planeta es una esfera.
Pregono mi amor por Jesucristo, sin pena.

Privado de Churre

Estoy tan limpio. Privado de churre. Tan falso, que los
años se me escurren. Deslumbrado por la belleza que
contienen los besos, por mis palabras, por cualquier
chuchería que venda el tiempo. Sin saber porque, dependo.

Sin protestar, sin reclamar atención, sin andar
enfrascado en un juego de tenis de mesa, tristemente
sin sueños. Completamente desanimado, atestiguando
como perdemos nuestro tiempo, reclamando, enfadados.
Riéndome a carcajadas de como todos nos sentimos
dueños.

Como un boxeador noqueado que se levanta sin alcanzar
la cuenta de diez. Derramando baba de sangre en la lona
y, usando los guantes me apoyo, para ponerme en pie. Un
semental sin darse por vencido, sin preguntar por qué.
Deseando salir victorioso por encima de cualquier revés.

Repertorio de limosnas

Las cosas son simplemente cosas y, nada más. No nos hacen mejores, ni mayores, incluso a veces hasta estorban. Me encontré un cascabel, curioseando le boté el escrupulillo, egoístamente, intentando ver.

La magia que contiene la brisa es tan real, que acaricia y dibuja en la mejilla sonrisas. Energúmenos exhibiéndose, me disgustan, maquillándose de ciclistas. Un proclamado dirigido a los exhibicionistas: La bicicleta 'pal parque.

Yo no quiero lío, yo estoy 'pa lo mío. Yo no uso bufanda cuando hace frío. Tu puedes ser todo lo que quieras, que contigo yo me limpio el fondillo.

Te me tatuaste en la asiática, sin permiso, sin diplomacia.

Acariciando a la conciencia suplicándole atención

Una vez más corazón, paso lo que paso, se le regalo a la lujuria el control. El orgullo de madre no floreció en amor y, el de padre falleció. No hay nadie a quién culpar por lo que sucedió. Es duro decir que el hijo de alguien no nació. Evitando lagrimas y, ahogado en metáforas, me expreso en oración.

Adonde se escondió la ceremonia de plasmar bajo árboles y entre flores, la belleza de la unión. Hoy en día los petardos rechazan disfrazarse de piñatas. Postillas en las rodillas no patrocinan la niñez, ni me forjan mas que las lagrimas derramadas con las películas que emocionalmente me expulsaban del cine Maravillas.

Un alma eviscerada deambula sin propósito clamando piedad y absolución. A oscuras sin extremidades para ayudar la locomoción. Acariciando a la conciencia suplicándole atención. Y, acá estamos los que estuvimos suerte y respiramos sin decisión. Tan agobiados por nada e ingenuos de la conexión genuina que solamente desea interacción y comunicación. Naveguemos en el mar de nuestras decisiones, atentos y consientes de nuestros errores, sin perdernos en la bajeza del olvido y la desolación.

Camino de Seda

El mundo puede empinarse cuando sueñas con mariposas. Te pueden traicionar mientras duermes entre las rosas. Cosechando poemas al filo de estrofas, intento plasmarme, hacer historia. Documentando todo voy inscribiendo memorias.

Sueño con florecer, con esas añoradas alas por tanto tiempo negadas. Con una estela que alumbra. Sin necesidad de pianos que arrancan lágrimas y deslumbran. Llévame a conocer esos lugares escondidos, que te definen y hacen que te descubran. Con palabras encubiertas que en las tinieblas alumbran. Y con su etimología irrumpen las penumbras.

Alla en la intersección de jardines, donde germinan cariños más dulces que citas y flores de canela. Atestiguando a el otoño asentarse como una manta de hojas de magnolias mojadas, camino de seda. Ensimismado en las ruinas de promesas rotas y acariciando sus grietas. Sutilmente reposo en la glorieta.

Falleciste en un árbol para darme la vida

El aroma de las rosas, la belleza de los lirios. Rey de todas las cosas me envuelves en delirio. Caminando siempre a mi lado, como te habrás decepcionado. Yo siempre tan ajeno de ti. No te distes por vencido me seguiste amando, apretándome la mano hasta que te sentí.

Falleciste en un árbol para darme la vida y, yo ahí a la deriva. Deslizándome hacia abajo en un túnel oscuro sin salida. Clamando por ayuda a desmedidas sin entregarte mi vida. Al tocar fondo carrera perdida, pero al ser tu ese fondo termino siendo carrera vencida.

Me regocijo en tu perdón, en tu inmensurable amor. Me baño en el roció de tus bendiciones. Me enamoro súbitamente con en el privilegio de ser una de tus creaciones. Tu eres todo, creador. El calor de tu amor es una afirmación de que existes y la siento en todo rededor. Quiero caminar contigo señor como un amigo y entregarte mi corazón. Hasta que desciendas en las nubes como rey de reyes y de todos señores, señor.